Manual do
NOIVO

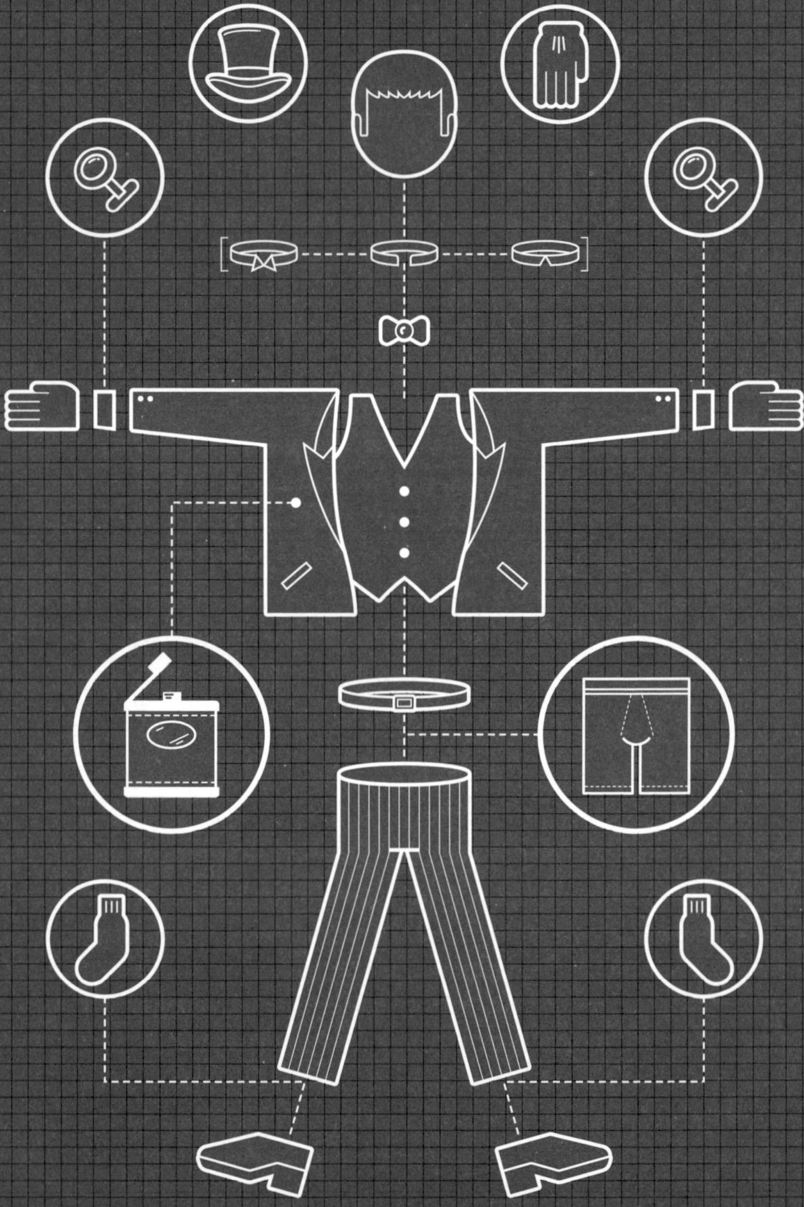

Manual do Noivo

UM GUIA PRÁTICO PARA SOBREVIVER
E ATÉ SE DIVERTIR NO DIA MAIS
IMPORTANTE DA VIDA... DELA!

Shandon Fowler

Ilustrado por Paul Kepple e Jude Buffum

Tradução de Marc Bröker

Gente editora

Gerente Editorial
Alessandra J. Gelman Ruiz

Editora de Produção Editorial
Rosângela de Araujo Pinheiro Barbosa

Controle de Produção
Elaine Cristina Ferreira de Lima

Produção Editorial
Sieben Gruppe Serviços Editoriais

Projeto Gráfico
Headcase Design

Diagramação
Cissa Tilelli Holzschuh

Tradução
Marc Bröker

Preparação de Texto
Renata Sangeon

Revisão
Fernanda Guerriero

Ilustrações
Paul Kepple e Jude Buffum

Impressão
Assahí Gráfica

Rua Pedro Soares de Almeida, 114
São Paulo, SP – CEP 05029-030
Tel: (11) 3670-2500
Site: http://www.editoragente.com.br
E-mail: gente@editoragente.com.br

Dados Internacionais de Catalogação na Publicação (CIP)
(Câmara Brasileira do Livro, SP, Brasil)

Fowler, Shandon
Manual do noivo : um guia prático para sobreviver e até se divertir no dia mais importante da vida -- dela! / Shandon Fowler ; tradução de Marc Bröker. -- São Paulo : Editora Gente, 2011.

Título original: The groom's instruction manual.
ISBN 978-85-7312-758-4
1. Cerimônias de casamento - Planejamento - Guias, manuais, etc. 2. Noivos - Guias de experiências de vida I. Título.

11-09349 CDD-395.22

Índices para catálogo sistemático:
1. Cerimônias de casamento : Planejamento :
Guias para noivos 395.22

Sumário

INTRODUÇÃO: PARABÉNS! 07

CAPÍTULO 1
COMO FICAR NOIVO 11

Casamento: uma pré-avaliação 12
Alianças e anéis: um curso básico 18
Escolhendo o melhor anel para sua noiva 25
Pedindo a mão 26
Preparando o palco 27
Fazendo "a pergunta" 33
Se ela disser não 34

CAPÍTULO 2
INTEIRANDO-SE SOBRE SEU CASAMENTO 37

Entendendo seu papel na cerimônia de casamento 38
O *checklist* do noivado 40
Distinguindo a mulher que você ama de sua noiva 49
Os atores: cartilha das personalidades 52

CAPÍTULO 3
O NOIVADO 93

A lista de convidados 94
A distribuição de lugares 102
Seu uniforme e os acessórios necessários 106
Um guia para ternos 109
Contratando a banda (ou outro entretenimento) 115
Contratando um fotógrafo e/ou cinegrafista .126
O acordo sobre o qual nenhuma noiva quer ouvir... 131
Um milhão de pedacinhos 134
Manutenção básica do casamento 142
Planejando a lua de mel 148

Sobrevivendo à sua despedida de solteiro 154
Em caso de extrema emergência 159

CAPÍTULO 4
A CERIMÔNIA 163

Bons cuidados pessoais 164
Planejando seu fim de semana 169
O grande dia 172
A noite de núpcias 179

CAPÍTULO 5
VOCÊ ESTÁ CASADO: E AGORA? 185

O pós-festa 186
Sua “nova” esposa 189
Felizes para sempre 193

APÊNDICE 195

ÍNDICE REMISSIVO 202

SOBRE O AUTOR 207

SOBRE OS ILUSTRADORES 207

Parabéns!

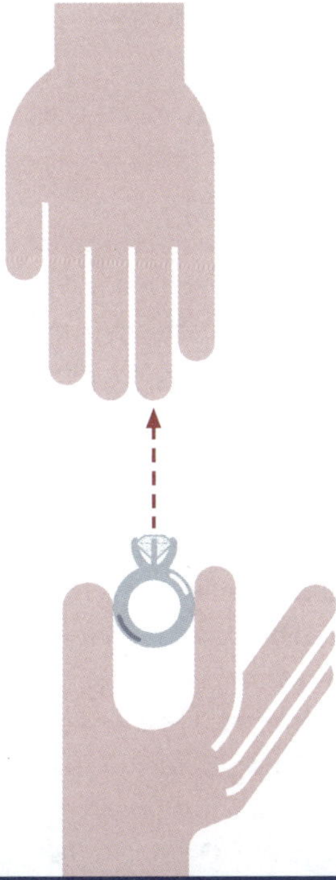

ATENÇÃO!

Se você está lendo este livro, é porque deve estar perdidamente apaixonado por sua noiva! Você está prestes a tomar uma decisão importantíssima: se casar! Passará horas projetando o plano de distribuição de lugares para todos os seus convidados! Mal pode esperar para começar a entrevistar floristas, fotógrafos, serviços de bufê, músicos e organizadores de casamentos! Não vê a hora de definir o celebrante. O seu matrimônio será o dia mais emocionante de sua vida, e você está totalmente maravilhado!

Ou talvez – apenas talvez – você esteja um pouco assustado

Caso você se encaixe na primeira categoria, nós o saudamos. (A bem da verdade, estamos incrivelmente abismados por seu entusiasmo, mas isso é outra história.)

Contudo, se a segunda categoria exprimir melhor o seu caso, ficamos felizes em poder confortá-lo: o seu medo é perfeitamente normal. O casamento é um grande comprometimento, uma das maiores decisões que tomará em toda a sua vida. Planejar um matrimônio muitas vezes se assemelha a um cruel trote universitário, pois você terá de passar por uma série de tarefas constrangedoras, frustrantes e às vezes humilhantes apenas para provar que é digno de estar em frente ao altar.

Felizmente, sua noiva terá acesso fácil a uma infinidade de conselhos publicados em letras decoradas nas centenas de livros e revistas disponíveis em livrarias e nas bancas de jornal. Porém, a indústria multimilionária do casamento não tem muito a oferecer em termos de guias para homens, apesar de eles terem hoje um papel muito mais ativo do que nunca no planejamento de sua cerimônia e recepção.

Uma ida rápida à livraria nos revela dois tipos diferentes de recursos para potenciais noivos. O primeiro consiste em conselhos vindos de uma mulher, ou seja, uma pessoa que nunca será um noivo, jamais comprou um terno para si mesma nem se viu obrigada a subornar os seguranças da balada quando uma despedida de solteiro deu errado. Com todo o respeito ao "sexo frágil", você não precisa desses conselhos. O segundo tipo vem de homens que levam seu papel na "guerra dos sexos" um pouco mais a sério. Porém, suas principais preocupações parecem ser organizar aquela selvagem despedida de solteiro na melhor balada da cidade e negociar um acordo pré-nupcial indestrutível.

Acreditamos sinceramente que você espera mais de um manual para noivos. Afinal, você merece mais. É um homem moderno e um cavalheiro; É *très moderne*. Assiste ao futebol e basquete na TV, mas pode tolerar uma ocasional comédia romântica, especialmente se o ator principal for o Vince Vaughn. Folheia a *Playboy* e a *Maxim*, mas realmente lê os artigos ali publicados (de verdade). Você não é um eremita. Quer que seu casamento tenha estilo e honra, que sua noiva seja feliz e que seus amigos se lembrem do grande dia com boas memórias por anos a fio. Eles provavelmente dirão que você é maluco balançando a cabeça com admiração, desejando poder voltar no tempo para reviver seu casamento do começo ao fim. "Aquela foi uma noite memorável", dirão eles.

Este livro o guiará passo a passo pelo processo de noivado – da proposta perfeita (caso já não a tenha feito) até aquelas notas de agradecimento após a lua de mel. Depois de ler esta obra, você terá informações importantíssimas: saberá o que vestir e como economizar dinheiro com isso; como comprar alianças e/ou anéis perfeitos (sim, há mais de um anel a ser comprado) pagando pouco; receberá conselhos sobre como escolher um fotógrafo profissional; saberá como obter a certidão de casamento; como lidar com parentes complicados e situações embaraçosas; e muito mais.

Também o ajudaremos a entender a psicologia de sua noiva, dos pais dela, dos seus e de outros atores coadjuvantes do casamento. Haverá conflitos ao longo do processo, portanto, é melhor se preparar agora. Planejar um casamento poderá evidenciar as piores facetas das pessoas. Todavia, parafraseando James Taylor em *You've got a friend* [Você tem um amigo]: quando sua noiva estiver enlouquecendo, seu orçamento implodindo, seu futuro sogro o ameaçando com uma chave de fenda e a sua mãe completamente histérica, peça ajuda ao seu manual de instruções e encontrará um amigo.

ETAPA 1
Proposta

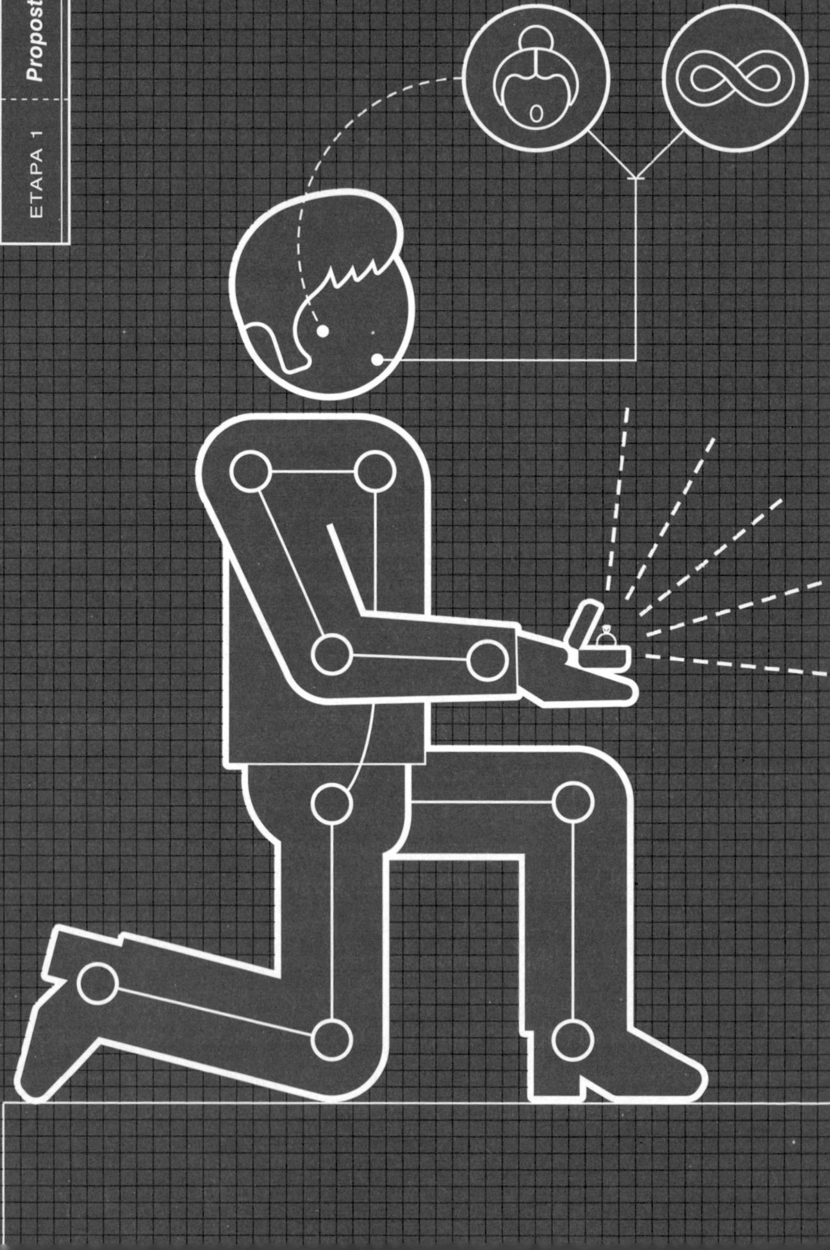

[Capítulo 1]

Como Ficar Noivo

Confúcio disse certa vez: "Uma viagem de mil quilômetros começa com um único passo". Essa sabedoria antiga pode ser aplicada ao planejamento de um casamento no século XXI. Sua viagem certamente parecerá ter mil quilômetros, mas terá início com um único passo – perguntar a ela: "Quer se casar comigo?" Por trás dessas quatro palavras estará, provavelmente, o resto da sua vida. Antes de embarcar nessa incrível aventura, dediquemos alguns minutos para termos certeza de que você está preparado.

Casamento: Uma Pré-avaliação

Existem cursos e oficinas virtuais para tudo na vida, e o casamento não é uma exceção. Nenhum deles é obrigatório, mas você provavelmente está entrando nesse noivado sem experiência prévia como homem casado.

Antes de fazer a grande pergunta e assumir um compromisso pelo resto da vida, responda a este questionário de avaliação pré-nupcial e veja como você transita pela estrada do noivado:

- **Você está preparado para seguir em frente?** ❑SIM ❑NÃO

Para a maioria, esta pergunta pode parecer idiota. Esperamos que você e sua noiva mantenham comunicação aberta e que não somente tenham falado sobre o futuro, mas, especificamente, sobre seu futuro juntos. Se esse não for o caso, é melhor começar a pensar a respeito.

Deixe que esta pergunta seja sua primeira lição: sempre considere os sentimentos da sua noiva. Você os interpretará de maneira errada, e ela fará o mesmo com você. Mas, se ambos não estiverem de acordo quanto a esta primeira questão, o momento ou a combinação provavelmente não são ideais.

■ **Sua decisão está sendo tomada sob pressão?** ❑ SIM ❑ NÃO

Talvez você tenha dificuldade para assumir compromissos, ou tenha recebido um ultimato da sua namorada. Talvez sua mãe, seu pai ou os potenciais sogros estejam dando pistas não tão sutis de que você precisa acelerar a situação. Independentemente das circunstâncias, você é o único que pode decidir se está pronto, então, não se apresse. Caso você seja um indeciso desastrado, sempre haverá possibilidades de aconselhamento, mas seu casamento será tão forte quanto for seu compromisso com ele.

■ **A decisão dela está sendo tomada sob pressão?** ❑ SIM ❑ NÃO

Uma maneira infalível de estragar um noivado é coagir sua namorada a tomar uma decisão. Mesmo que você já considerasse o casamento uma conclusão inevitável desde seu primeiro encontro, ainda assim precisa permitir que sua futura esposa tome a própria decisão, a seu próprio tempo.

■ **Qual era o nome do primeiro animal de estimação dela?** ____________

Prepare-se: o noivado trará à luz características da personalidade da sua noiva até então imprevisíveis e insondáveis (assim como as suas). Antes de chegar a esse ponto, pergunte a si mesmo quão bem você realmente conhece a mulher que ama. Quando ela se formou na escola? Quantos namoros sérios já teve? Ela já foi fumante?

Qual é o nome de solteira da mãe dela? Qual é a cor dos seus olhos? Esses parecem detalhes sem importância, mas o casamento é todo feito de pormenores desse tipo. Então, assegure-se de ter um relacionamento no qual possa compartilhá-los com sua esposa – e de lembrar-se do que está sendo compartilhado –, porque vocês vão passar bastante tempo juntos. O que nos leva à próxima questão...

■ **Você está ciente das consequências do que está prestes a fazer?** ❑SIM ❑NÃO

Em termos mais claros, você está preparado para passar o resto da sua vida fazendo sexo com a mesma mulher – e somente com ela? É surpreendente o número de homens que não entende que, na sociedade ocidental, o fundamento mais básico do casamento é ser fiel à mesma pessoa, sem reservas, pelo resto da vida – ou, dependendo da sua persuasão religiosa, por toda a eternidade. Se, quando a questão é fidelidade, você se pergunta qual seria exatamente a definição disso, então talvez deva considerar mais alguns anos de solteirice. E não se engane acreditando em sua namorada quando ela deu a entender que perdoaria suas futuras indiscrições. Poucas mulheres toleram infidelidade física, e todas exigem e esperam fidelidade emocional.

■ **Você pensou além do dia do casamento?** ❑SIM ❑NÃO

Alguns casais investem tanto tempo e energia na euforia da cerimônia do casamento que negligenciam como será estar casado. Em sua ansiedade de preparar a festa perfeita para seus amigos e sua família, não se esqueça de considerar o que acontecerá quando os convidados forem embora.

■ **Vocês discutiram os assuntos sobre os quais normalmente não se costuma falar?** ❑SIM ❑NÃO

Um velho provérbio diz: "Nunca fale sobre política ou religião na presença de pessoas civilizadas". Por sorte, o casamento não é uma sociedade dessa natureza. Democratas e republicanos, católicos e protestantes, libertários e batistas formaram casais fantásticos. Mas, antes de ir longe demais, certifique-se de que, independentemente das diferenças, você respeita as opiniões da sua noiva e vice-versa.

■ **Quantos filhos você pretende ter?** ❑0 ❑1 ❑2 ❑3 ❑4+

Esta pergunta pode ser a mais fácil ou a mais difícil de responder. Ou vocês dois concordam desde o princípio que terão os "obrigatórios" dois filhos e um apartamento, dentro de cujos limites as ditas crianças irão brincar, rir e cantar, ou então terão de abster-se de mesclar o DNA de ambos para passar mais tempo em festas e praias. Mas não se surpreenda se a opinião de sua futura esposa quanto à maternidade mudar depois de um tempo participando das mesmas baladas de sempre. É improvável que você consiga se defender bem nessa situação simplesmente insistindo nos termos do seu contrato de gaveta. Portanto, é melhor entrar no casamento com esse pressuposto: mesmo que ela diga que nunca desejará ter filhos, é bem provável que você os terá com ela de qualquer maneira.

■ **Se tiverem filhos, quem/o que eles irão adorar?** ________

Onde? ________ **Sob qual religião?** ________

É aconselhável adotar alguns hábitos quanto à educação dos filhos, caso decidam tê-los. Irão ao catecismo, à escola dominical ou ao campo de futebol? Dirão "sim, senhor"; "não, senhora"; "por favor" e "obrigado"? Torcerão pelo Flamengo ou pelo Corinthians? E que tipo de torcedores serão? Você não precisa mapear sua vida inteira antes mesmo de comprar um anel, mas deve ter uma ideia do que o uso desse ornamento significa para vocês.

■ **O seu código de área importa?** ❑SIM ❑NÃO

Pule esta pergunta se vocês dois são da mesma cidade, vivem nela e não conseguem pensar em uma melhor para se estabelecer. Caso tenham se conhecido em qualquer outro local, falem sobre em qual cidade desejam morar. Esperamos que você possa viver em qualquer lugar desde que a mulher que ama esteja a seu lado. Porém, certifique-se de que "qualquer lugar" realmente significa qualquer lugar e que sua noiva em potencial vê a situação da mesma maneira. Se acha que essa questão pode causar algum conflito sério, provavelmente já pode senti-lo no fundo das suas entranhas e deve resolvê-la antes que seja tarde.

■ **As suas expectativas em relação à sua namorada são razoáveis?** ❑SIM ❑NÃO

■ **As expectativas dela para com você são razoáveis?** ❑SIM ❑NÃO

Pessoas psicologicamente opostas podem formar casais muito harmônicos e frutíferos quando as expectativas de ambos forem claras e explícitas. Entretanto, se sua futura esposa espera que, após o casamento, você se torne um contador estável como seu pai, e deixe para trás a vida de autônomo excêntrico que herdou de sua mãe, ou vice-versa, é melhor saber disso – e aceitar, se puder – antes de assinar um contrato de longa duração.

■ Os seus amigos gostam da sua namorada? ❑SIM ❑NÃO

Alguns falarão que não importa o que os seus amigos pensam da mulher que você ama. Outros dirão: "amigos primeiro, mulheres depois". Independentemente da sua opinião, os amigos são o que se chamaria de uma "dica inconsciente" no pôquer: revelam muito sobre você, a ponto de você mesmo não perceber. Essas opiniões certamente não deixam de ser as deles, mas nelas você poderá encontrar algumas verdades sobre seu relacionamento com sua namorada – e também com eles mesmos. O objetivo desta pergunta não é lançá-lo em um profundo questionamento da própria alma, no qual usa seus amigos como prova dos nove para testar sua namorada, mas determinar a posição de cada um, uma vez que você tenha avançado para uma nova fase da sua vida. Se não houver atrito, fantástico. Caso haja, tente descobrir a causa, porque quanto mais você souber antes de fazer "a pergunta", maiores serão as chances de evitar confrontos com amigos e/ou sua noiva ao longo do caminho. E finalmente...

■ Você gosta da sua namorada? ❑SIM ❑NÃO

Esta pergunta pode parecer incrivelmente cruel e pessimista, mas também serve a um propósito importante. Existe amor sem amizade. Pode ser que você e sua namorada formem um casal perfeito em uma festa social. Mas conseguiriam ser tão felizes se estivessem presos em casa sem TV a cabo? Esperamos que você conheça todos aqueles pequenos detalhes sobre a vida dela porque estima a sua companhia e deseja saber tudo sobre ela. Caso contrário, talvez precise pensar melhor sobre o que o faz realmente feliz em um relacionamento.

Alianças e Anéis: Um Curso Básico

Pedir uma mulher em casamento sem oferecer-lhe uma aliança é bastante estranho. É verdade que alguns homens, no calor do momento, esquecerão desse porém e farão a proposta ali mesmo onde estiverem. Se isso acontecer a você, esperamos que sua namorada não permita que a ausência da aliança a impeça de dizer sim. Mas não pense que toda a sua apaixonada espontaneidade o livrará de comprar a joia.

Encontrar uma aliança de noivado é difícil, mas a situação poderá ficar ainda mais complicada se você resolver dar à sua amada um anel de noivado. Escolhê-lo pode se tornar uma verdadeira odisseia, mas dará a você uma pequena pista do que o espera como noivo e (muito em breve) como homem casado.

Seu objetivo é encontrar um símbolo eterno do seu amor; algo que a sua esposa usará todos os dias, pelo resto da vida. Se a sua namorada não é propensa a comprar nada que deseje usar por mais de três meses – que dirá por cinquenta anos –, imagine o desafio que surge à sua frente. Aqui estão algumas regras gerais para ajudá-lo a tomar uma decisão, principalmente se optar pelo anel.

Estude como se fosse a semana de provas finais. Joalheiros existem em razão do romantismo. O amor pode e irá nos impedir de pensar racionalmente. Esses profissionais podem e irão tirar proveito disso. Há muitos sites confiáveis para facilitar a compra de pedras preciosas. Use-os, pois, mesmo que você consulte o melhor joalheiro do mundo, irá se sair melhor se entender algo sobre avaliações de gemas, peso em quilates e outros conceitos antes que alguém ofereça conselhos enquanto analisa as joias.

Conheça os 4 Cs do diamante. Se você não é do tipo estudioso, deveria no mínimo conhecer estes princípios básicos. Então, aqui estão eles:

Cor: Se você assistiu ao filme *Brincando de seduzir*, vai se lembrar de que o personagem vivido por Michael Rapaport comprou um anel de noivado para a sua namorada – que ele dizia ser de cor champanhe, enquanto todos os outros o reconheciam como marrom. Do mesmo modo, se você está analisando diamantes que não são do padrão "azul" (claríssimos) e percebe que são bem mais baratos, é porque eles não são considerados tão bons. A propósito, é quase certo que sua namorada esteja ciente disso.

Corte: Esse termo se refere à maneira como o diamante é lapidado, mas não à forma propriamente dita. O corte influencia o brilho da pedra.

Carat (peso em quilates): Assim como na compra de carne moída ou frutas secas, o que mais influencia o custo de diamantes é seu peso. Uma pedra de 3 quilates tem geralmente a metade do peso (e, pelo menos, metade do preço) de uma de 6 quilates. É claro que você não comprará um diamante de 3 ou 6 quilates, a menos que o seu casamento esteja sendo patrocinado por um programa de TV com um orçamento absurdamente alto. Para alcançar o máximo de impacto com seu dinheiro, considere que dois diamantes menores, que juntos pesem 1,5 quilate, parecerão maiores em um arranjo que um diamante de 1,5 quilate, e devem ser um pouco mais baratos.

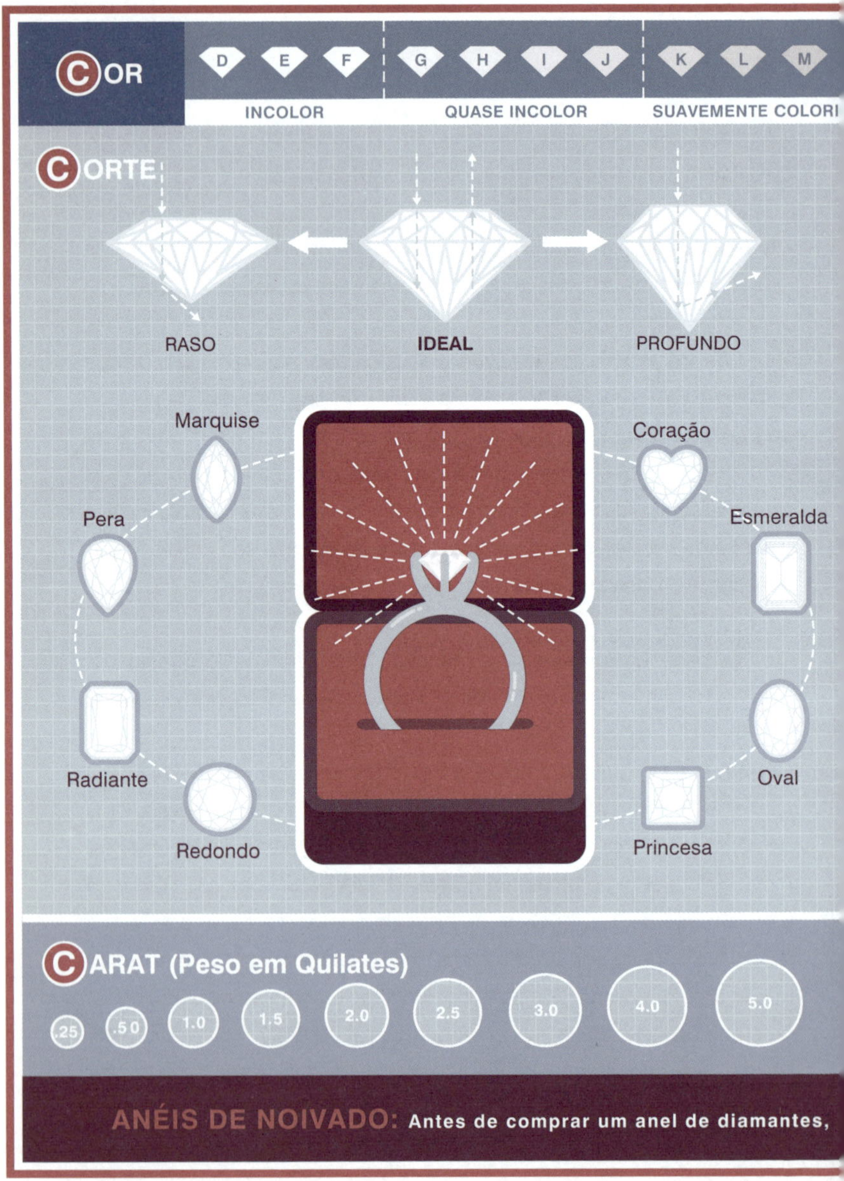
COR
D E F
G H I J
K L M
INCOLOR
QUASE INCOLOR
SUAVEMENTE COLORI
CORTE
RASO
IDEAL
PROFUNDO
Marquise
Coração
Pera
Esmeralda
Radiante
Oval
Redondo
Princesa
CARAT (Peso em Quilates)
.25
.50
1.0
1.5
2.0
2.5
3.0
4.0
5.0
ANÉIS DE NOIVADO: Antes de comprar um anel de diamantes,

ACENTUADAMENTE COLORIDO

©LARIDADE – CLASSIFICAÇÕES

- **FL** Impecável
- **IF** Internamente Impecável
- **VVS** Inclusões Diminutas Mínimas
- **VS** Inclusões Muito Pequenas
- **SI** Inclusões Pequenas
- **I** Inclusões

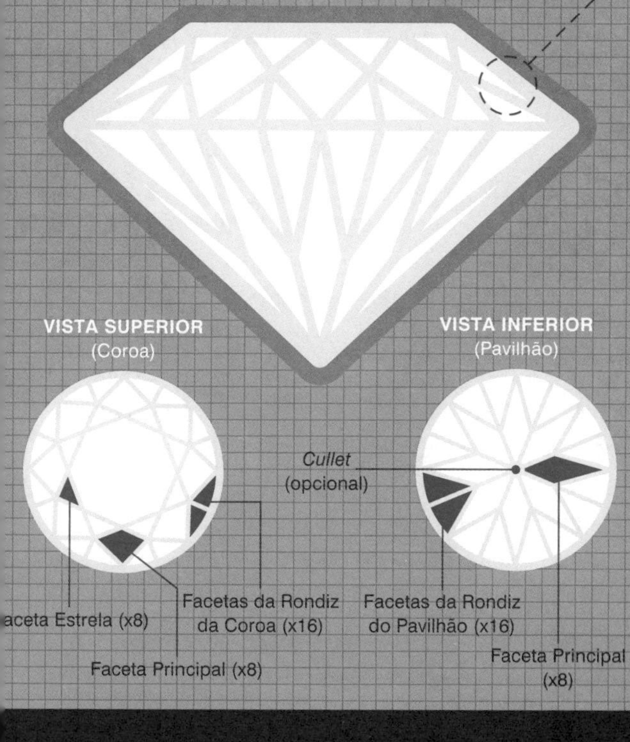

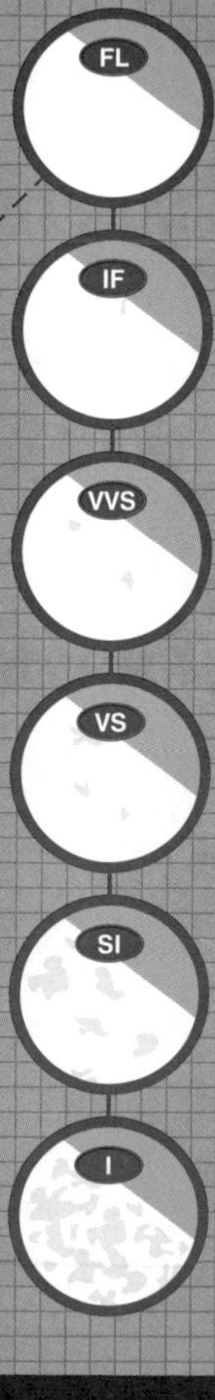

entenda seus 4 Cs: cor, corte, carat (peso em quilates) e claridade.

⚠ ***CUIDADO**: "Peso em quilates" não deve ser confundido com "quilates" que, nos Estados Unidos, é uma medida de pureza de metais. Ouro de 12 quilates tem 50% de pureza; ouro de 24 quilates é 99,9% puro – o máximo possível.*

Claridade: Outro fator importante na determinação do custo é a claridade ou "impecabilidade" de uma pedra. Qualquer imperfeição em um diamante é chamada de "inclusão", o que pode ser tudo, desde uma bolha de ar, que turva levemente o brilho, até pequenos danos ocorridos durante o processo de corte. Ao olhar para as pedras e/ou os anéis, você notará essas classificações como: FL-IF (siglas para impecável ou internamente impecável em inglês – a melhor qualidade); VVS (o mínimo de inclusões diminutas); VS (inclusões muito pequenas); SI (inclusões pequenas); com inclusões evidentes; com inclusões muito evidentes e, portanto, rejeitados.

É provável que você não perceba as diferenças entre a maioria dos diamantes citados da classificação VS sem um exame cuidadoso. Contudo, mais uma vez, sua noiva (assim como suas amigas, família e colegas de trabalho) examinará a pedra muito cuidadosamente. Poucos símbolos de *status* são tão inexplicáveis quanto anéis de diamantes, então, enquanto seu bolso permitir, procure o equilíbrio entre quilate e qualidade.

Você perceberá que "custo" não faz parte dos critérios de avaliação. O motivo é que você deve escolher uma de duas abordagens para encontrar o anel. A primeira é determinar de antemão quanto poderá gastar e, então, definir os critérios de acordo com o orçamento. Do contrário, esqueça a responsabilidade financeira e vá com tudo. De qualquer maneira, tornar-se um semiespecialista no assunto irá ajudá-lo.

⚠ **CUIDADO**: *Um diamante precisa ser certificado para que você tenha a certeza de que não está sendo enganado. Essas certificações são dadas no ponto original de venda (frequentemente em um mercado de diamantes na Europa), e, uma vez que tiver visto alguns deles, saberá qual procurar para se assegurar de que o diamante é legítimo.*

Espione. Mais importante que conhecer seu produto é conhecer seu cliente. Você pode aprender muito sobre os gostos da sua namorada apenas prestando atenção nela (este tema será recorrente por todo este manual, então se acostume com ele). Ela costuma usar anéis e outras joias? Caso use, como elas são? Ela gosta de objetos chamativos ou é mais do tipo clássica? Caso não tenha certeza, vasculhe as gavetas dela (use o bom-senso e espere ela sair de casa). Olhando as joias que ela já possui, você conseguirá ter uma boa ideia do seu estilo sem revelar a surpresa. Além disso, se você for realmente discreto, poderá emprestar um de seus anéis para o joalheiro medir, garantindo que a aliança ou o anel de noivado lhe sirva perfeitamente. Não se esqueça de devolver o anel antes que ela dê pela falta.

Evite modismos. Comprar um anel de noivado da Tiffany pode dar a sensação de estar entregando sua alma (e suas economias) ao diabo, mas há razões pelas quais esses arranjos simples de diamantes têm sido populares por mais de um século: ótima qualidade e design simples. Você pode pensar que "simples" está fora de moda, mas considere como ficaria uma joia com a inscrição "meu anjinho" incrustada em diamantes no dedo de sua esposa quando ela tiver 65 anos. Dito isso...

Evite compras impulsivas. O fato de a Tiffany vender muitos anéis de noivado não significa que sua namorada deseje ou precise de um. Joias são notoriamente avaliadas por fatores imateriais (quem as criou, o nome da joalheria, o local onde ela se encontra etc.), então certamente você pode encontrar o mesmo anel com cinco preços diferentes em cinco lojas distintas. Pesquise e conheça suas opções.

Não seja pão-duro. Se sua namorada sempre sonhou com um antigo anel de noivado ao estilo Eduardiano, uma imitação barata não servirá, mesmo que ela seja a única que perceba a diferença. Em geral, anéis desse tipo custarão caro, mas lembre-se: essa compra não se assemelha a nenhuma outra que fará em toda a vida. Roupas, carros, eletrônicos e até mesmo casas virão e irão, mas há algo de verdadeiro no *slogan* "diamantes são para sempre".

Dê um prazo a si mesmo. Anéis não são aparelhos de DVD; mesmo que veja uma dúzia, até mesmo centenas em exposição, é improvável que possa apontar para um anel na vitrine e levá-lo para casa no mesmo dia. Dependendo do joalheiro, você terá de esperar entre uma semana e vários meses até que tenha o anel à disposição. Então, comece a procurar o mais depressa possível.

Mantenha-o em família. Se quiser ser um herói sentimental e, ao mesmo tempo, um comprador inteligente, dê à sua namorada uma herança de família. Talvez a mãe dela, ou a sua, tenha guardado o próprio anel de noivado (ou o da mãe dela, o da mãe da mãe...) exatamente para essa ocasião. Idealmente, será uma joia que a sua amada sempre admirou enquanto crescia, e ela ficará muito comovida quando você o puser em seu dedo. Além disso, a sua família ou os potenciais sogros não lhe cobrarão nada, de modo que poderá economizar seu dinheiro para o casamento ou a lua de mel.

Escolhendo o Melhor Anel para Sua Noiva

Aqui está você, um homem jovem cegamente apaixonado, cercado de livros, revistas e comerciais de TV dizendo que deve gastar todo o seu salário em um objeto que pesa no máximo alguns gramas. Para piorar, terá de comprar esse anel às escondidas, sem a mínima participação da pessoa que o usará. Por sorte, há várias estratégias para ajudá-lo a identificar o melhor anel para a sua namorada.

Escute-a. Não podemos frisar este ponto o suficiente. A mente masculina típica conserva energia escutando apenas quando necessário. É bem provável que sua namorada tenha expressado suas opiniões sobre joias em várias ocasiões, mesmo que você não se lembre. Então, mantenha-se alerta a partir de agora.

Fale indiretamente sobre o tema. Para encontrar a joia adequada, você deve evitar perguntas diretas, encontrando outro meio de abordar o tema sem despertar suspeitas. Caso ela use outros anéis, elogie-os com a intenção de fazê-la dizer o que aprecia neles. Ou leve-a a uma joalheria sob falso pretexto (mandar consertar seu relógio, comprar um presente de aniversário de casamento para seus pais etc.). Uma vez na loja, observe a reação dela a diferentes itens ou incite-a, apontando para anéis dos quais você não gosta. É mais provável que receba uma resposta honesta, sem levantar suspeitas, dizendo o que não gosta, mesmo se estiver apenas fingindo.

Escale as amigas e a família dela. Se sua namorada tem um irmão ou uma irmã, mãe, melhor amiga ou alguém em quem você possa confiar sem se entregar, escalar essa pessoa para fazer trabalho de reconhecimento pode ser bem interessante. A irmã, por exemplo, poderá falar com ela sobre anéis sem despertar suspeitas. A mãe ou o pai conseguirá contribuir com algum contexto de família. Contudo, não envolva pessoas demais, pois é provável que uma delas dê com a língua nos dentes e estrague a surpresa; um ou dois espiões bem posicionados facilitarão bastante a sua tarefa.

Pedindo a Mão

Você e sua namorada entrarão no noivado e no matrimônio como iguais. Entretanto, existe uma tradição que sobrevive desde os tempos mais patriarcais – e, talvez, sua noiva espere que você a

mantenha. Mesmo que essa não seja a situação, pode valer a pena cumpri-la. Portanto, fale com o pai e/ou a mãe de sua namorada antes de fazer "a pergunta".

Em termos de cortesia e respeito, aproximar-se dos pais dela poderá fazê-los se sentir mais confortáveis quanto às suas intenções para com a filha deles, além de transmitir que você se sente parte da vida familiar dela tanto quanto da sua. Talvez você não queira agir nos ditames tradicionais, ou seja, pedir a mão dela ao pai; isso pode ser interpretado por ela como puro chauvinismo. Portanto, tente descobrir a opinião dela sobre o assunto. Contudo informar suas intenções aos pais antes de pedir sua namorada em casamento melhorará, na maioria dos casos, a sua imagem perante ela e sua família.

Preparando o Palco

Tanto no amor como nos negócios, decidir onde você fará sua proposta poderá ser tão importante quanto a proposta em si. Talvez você já tenha assistido a alguma comédia romântica em que o casal está em pleno estádio de futebol quando, durante o intervalo, aparece no telão: "Ana, eu ♥ você. Quer se casar comigo? – Pedro". Um "ohhh" uníssono se pronuncia enquanto as câmeras encontram Ana e Pedro. Sob o olhar dos 50 mil presentes, Ana processa o que está acontecendo e Pedro alterna entre olhar para os olhos da sua namorada e fazer sinais de vitória à plateia, enquanto a massa prende a respiração, esperando pelo terceiro ato, que promete ser um momento de pura exaltação... ou incompreensível vergonha.

Felizmente, tudo costuma ocorrer bem – pelo menos durante os 15 segundos em que as Anas e os Pedros da plateia aparecem no telão. Mais delicado é o que acontece quando a câmera muda para o cara doidão com o bumbo, e Ana, Pedro e o resto da seção R, fileira 12, são deixados para trás, processando o que acabou de acontecer. Ana se lembrará disso como um dos grandes momentos da sua vida? Ou talvez como aquele dia em que seu ex-namorado a pediu em casamento no telão?

Faz parte da natureza de quase todo ser humano buscar situações familiares e confortáveis. Alguns homens gostam de eventos esportivos e, consequentemente, se sentiriam bem em fazer uma proposta de casamento no telão. De modo nenhum afirmaríamos que não há mulheres que ficariam felizes em responder à pergunta mais importante de sua vida diante de milhares de estranhos inebriados e de cara pintada. Tampouco assumiríamos que esta não seria a primeira opção de sua namorada.

Eis algumas considerações para garantir que a localização seja um ponto favorável.

Escolha o Lugar Ideal

A busca pelo espaço perfeito pode dar menos trabalho do que você imagina. Talvez haja um lugar com significado especial para vocês dois, ou você queira compartilhar seu lugar especial com ela. Antes de sair à procura de um local romântico que custará uma fortuna ou que estará abarrotado de outros românticos sem imaginação, vasculhe suas próprias memórias.

Decida Quem Deverá Presenciar a Ocasião

Poucas perguntas são tão pessoais e transformadoras quanto "você quer se casar comigo?" Esperará que sua namorada esteja focada, quer você perceba, quer não. Isso pode significar que talvez seja melhor vocês estarem a sós, mas não necessariamente. Amigos, familiares ou mesmo estranhos que estejam por perto podem aumentar a diversão, diminuir o estresse e deixar esse momento mágico ainda mais memorável. Aqui estão algumas opções:

Amigos. Se sua namorada for do tipo sociável, não seria má ideia planejar a ocasião com amigos presentes. Dessa maneira, ela poderá compartilhar o momento e desfrutar de sua glória; você será o herói romântico e todos poderão se juntar à celebração. Sugerimos que mantenha o evento íntimo, pelo menos até o momento da proposta. O fato de se tratar de uma ocasião única e haver amigos por perto não significa que você tenha de se exceder na bebida e no divertimento. Por falar nisso, mantenha-se sóbrio. E assegure-se de que ninguém, especialmente sua namorada, fique bêbado antes do grande momento. Isso pode parecer óbvio, mas nossa coordenação motora tende a ficar comprometida quando estamos nervosos. Então, se você cuidar rapidamente do essencial, poderá relaxar mais rapidamente.

Família. Se a família da sua namorada tem uma relação muito próxima – e se você se dá bem com os seus próprios familiares –, uma reunião pode ser o contexto perfeito para a proposta. Apenas tenha certeza de que ela realmente deseja se casar com você, pois não há nada pior do que ser rejeitado na frente dos pais dela, dos seus pais, do seu irmão, da sua irmã... Bem, você entendeu.

Somente vocês dois. Independentemente do cenário, sua namorada pode exigir romantismo, e o jeito mais fácil de ser romântico é estando a sós. Um jantar em casa, uma caminhada na praia, um passeio de carro ao pôr do sol ou um fim de semana romântico no campo são excelentes sugestões. Outro benefício de fazê-lo a sós é que o momento poderá evoluir naturalmente para uma celebração a dois – se vocês não estiverem se guardando para a noite de núpcias, é claro.

Anúncios em público. Aqui retornamos à "opção do telão". Esse tipo de proposta tem seus benefícios. A surpresa é quase garantida. Além disso, ela pode fazer vocês dois se sentirem temporariamente celebridades. Contudo, pode sair caro (se tiver de pagar por algum tipo de anúncio), a logística pode se tornar um desafio e está longe de ser à prova de falhas. Antes de continuar, considere o seguinte:

- **Certifique-se de que ela irá gostar.** Se ela fala constantemente sobre o dia em que participou de um show de TV, se é do tipo que regularmente telefona para o programa de rádio matinal ou se o fez sair na chuva gelada apenas para não perder a gravação de um programa de que gosta, então você provavelmente irá se dar bem com esta opção.

- **Certifique-se de que seu plano é infalível.** No caso de propostas em telões, programas de TV matinais, anúncios pagos e similares, será preciso assegurar que durante os 15 segundos contratados a sua namorada os esteja realmente assistindo. Caso contrário, terá gasto dinheiro à toa. Além disso, ainda será preciso partir para o Plano B.

- **Saiba quando incluir o público no âmbito privado.** Uma vez feita a proposta, você e sua namorada desejarão passar um tempinho a sós para desfrutar do momento – e, logo em seguida, ela provavelmente irá querer contar tudo para os amigos e familiares que não estão presentes. Isso significa que o jogo já era. Para assegurar que seus primeiros momentos de noivado não sejam constrangedores, dê um tempo a ela: diga-lhe que você também prefere ir para um lugar mais aconchegante, mesmo que o jogo ainda esteja na metade.

Acumulando Dias Especiais

Há inúmeros benefícios em fazer "a pergunta" durante um aniversário ou em feriados como o Natal ou o Ano-Novo. Um dos pontos positivos é que esses eventos automaticamente reúnem as famílias em um ambiente festivo – reduzindo o seu trabalho de planejamento. No entanto, pode não ser a sua intenção co-optar a data por anos a fio. Desse modo, o aniversário dela não será mais somente dela, mas de ambos. O Natal, apesar da tradição que você conhece e aprecia, significará também o início do seu matrimônio. Mas, no caso improvável de que a sua namorada rejeite a sua proposta, talvez você fique com uma sensação de que ela simplesmente assassinou o Papai Noel, estragando um bom feriado por muitos anos vindouros.

FAZENDO "A PERGUNTA"

TÉCNICA DA PROPOSTA

1. Olhe-a nos olhos enquanto fala
2. Exponha a aliança ou o anel no ângulo de maior brilho
3. Pratique antes; mantenha o seu texto à mão
4. Ajoelhe-se, caso a situação requeira mais cavalheirismo

Fazendo "A Pergunta"

Este é o momento da verdade. Os dez ou quinze segundos que mudarão a sua vida para sempre. Com tanta tensão no ar, é melhor você se preparar, revisando alguns pontos:

Ajoelhar-se ou Não?

Fazer a proposta de joelhos é antiquado e aristocrático ao extremo, mas, se sua namorada sonha com um casamento de conto de fadas, é o melhor jeito de fazê-la feliz. Porém, se ela fica envergonhada facilmente, evite cair de joelhos em público, como em um restaurante ou no show do Aerosmith, pois essa seria uma maneira infalível de chamar a atenção.

A Prática Leva à Perfeição

A maioria de nós fica frustrada ao fazer discursos – e poucos discursos são tão transformadores quanto uma "agonizante" proposta de casamento. Você estará colocando toda a sua vida em jogo, então é compreensível que queira fazer algumas anotações. Melhor ainda: pratique algumas vezes o que quer dizer até que pareça natural e espontâneo, assim como nos filmes.

Olhe Nos Olhos

Lembre-se de que você não está perguntando se ela prefere o café puro ou com chantili. Quando fizer a mais importante dentre todas as perguntas, certifique-se de olhá-la nos olhos e de falar claramente.

Faça a Pergunta em Forma de Pergunta

Independentemente da maneira escolhida para fazer a pergunta, certifique-se de realmente perguntar. Sim, sabemos o quanto é duro ficar emocionalmente tão vulnerável. Sabemos também que é difícil respeitar um livro que usa expressões como "emocionalmente vulnerável". Mas você terá de suportar. Não tente se proteger camuflando seu pedido em uma "não pergunta" do tipo: "Você sempre disse que queria se casar, creio que deveríamos fazê-lo". Não diga o que você deseja que aconteça na ocasião ("Olha, eu estive pensando que deveríamos nos casar, e então..."). Essas são opções covardes e você pode fazer melhor que isso. Lembre-se de que sua namorada pode estar esperando por esse momento há muito tempo, então, comporte-se como um cavalheiro e dê a ela a opção de dizer sim ou não.

Se Ela Disser Não

Existe a real possibilidade de que, apesar de todos os seus esforços, sua proposta seja rejeitada. Dependendo da sua disposição, talvez queira enfiar a cabeça na areia e nunca mais tirá-la de lá, fazer uma cena desagradável ou simplesmente fingir que ela não sabe o que está perdendo. Independentemente de sua reação, ser rejeitado dói. Acreditamos que, se está lendo este livro, você realmente acredita que tudo sairá bem.

Apenas como prevenção, aqui estão algumas atitudes que você não deverá tomar se ela disser não:

- **Riscar o carro dela com o anel de noivado.** Se você acha que ser rejeitado é horrível, experimente transformar-se em um suspeito e ir parar na delegacia.
- **Jogar o anel de noivado em um lago.** Você pode até ter visto isso em algum filme, e, na situação atual, essa cena se tornar absolutamente vívida em sua memória. Mas lembre-se de que o anel do filme era uma imitação. O seu é verdadeiro, você realmente pagou uma fortuna por ele.
- **Vingar-se, dormindo com uma amiga dela (ou mais).** Essa pode ser a razão pela qual ela o rejeitou. Além disso, se ela recusou seu pedido, é provável que suas amigas não estejam fazendo fila na sua porta. Se estiver decidido a se divertir, opte por alguma bela desconhecida – mas faça-o com responsabilidade.
- **Ligar para os pais dela para se queixar.** A vida não é como um romance de Jane Austen (graças aos céus!). Então, não espere que uma queixa aos superiores diretos de sua namorada seja recebida abertamente com ações a seu favor.
- **Embebedar-se com o objetivo específico de lhe dizer exatamente como se sente.** Simplesmente não faça isso.
- **Dizer a ela, sóbrio, quão desvalorizado se sente.** Então, gênio, se é assim que se sente, por que acaba de pedi-la em casamento?
- **Perder as esperanças.** O mundo está cheio de histórias de homens que tiveram de pedir a mulher dos seus sonhos em casamento mais de uma vez até que ela estivesse disposta a aceitar. Pode ser que ela simplesmente não esteja preparada para assumir o compromisso ou que acredite que você não está. Independentemente da razão, não perca as esperanças no momento em que ouvir o não, pois pode ser que, na verdade, ele signifique um talvez.

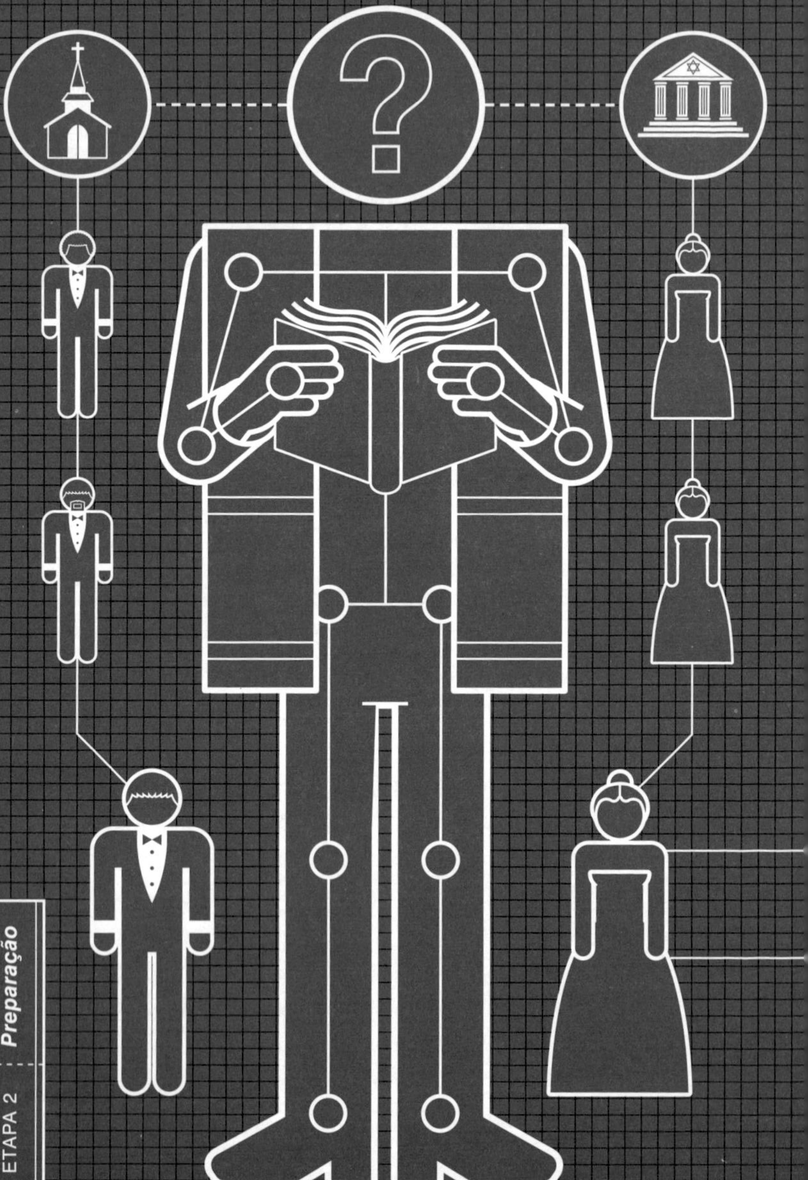

ETAPA 2

Preparação

[Capítulo 2]

Inteirando-se Sobre Seu Casamento

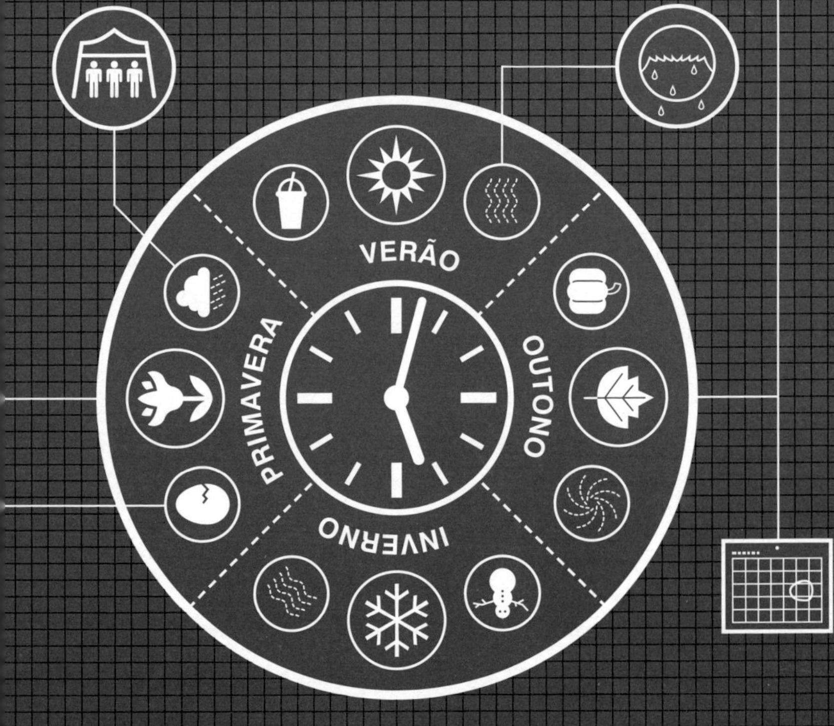

A euforia que sente pelo seu noivado durará aproximadamente 48 horas. Esse é o tempo que deve levar para que todos o parabenizem e brindem em sua homenagem. Depois disso, as perguntas começarão a surgir: Já estipularam a data? Onde será o casamento? Já escolheram os padrinhos? A festa será *open bar*?

Você não deve deixar ninguém, especialmente seus familiares – e os de sua noiva –, apressá-lo nessas decisões, mas precisa cuidar delas o quanto antes. Quanto mais planejar, menos você e sua noiva enlouquecerão.

Entendendo Seu Papel na Cerimônia de Casamento

Até este ponto da sua aventura matrimonial, você esteve no comando. Comprou as alianças ou o anel de noivado, planejou a hora e o local do "grande pedido", teve uma conversa íntima com seu futuro sogro e/ou sogra e fez os arranjos necessários para garantir o cenário perfeito para o pedido. Em suma, até agora, você ocupou o lugar do motorista, mas isso está prestes a mudar.

Você é um Acionista Minoritário na Cerimônia de Casamento

Planejar a cerimônia de casamento é um como iniciar uma nova empresa – que precisará de um orçamento ultrajante para despesas de marketing e equipamentos, mas não renderá nenhum lucro. Em termos claros, especialmente se a família dela estiver bancando a maior parte dos custos, sua noiva é a acionista majoritária, o que faz de você o minoritário. Isso significa que sua opinião até será ouvida, mas dificilmente será levada em consideração.

Sua Noiva Sempre Tem Razão

Seu noivado será um tempo de muitas perguntas, e em todas elas a sua noiva terá razão. Mesmo que ela esteja claramente equivocada; mesmo que a sua aura tenha se tornado vermelho-fogo e a razão lhe tenha escapado; mesmo se as evidências do seu engano estiverem expostas abertamente à sua frente – ela ainda terá razão. Se ela não tiver opinião alguma e estiver corroída pela dúvida, ainda assim estará certa ao dizer que você pode deixar a cerimônia de casamento aos cuidados dela. Aliás, também estará absolutamente correta quando lhe disser que você é um preguiçoso e que é melhor começar a ajudá-la imediatamente.

É provável que enfrente esse dilema com emoções mistas. Talvez você seja um "fazedor", com uma personalidade "tipo A", e esteja acostumado a assumir o comando e acertar a situação. O fato é que sua noiva está agindo de modo irracional, e você está pronto para tomar uma atitude e salvá-la de si mesma.

Talvez você não tenha o mínimo interesse em pesquisar arranjos florais, escolher as cores que serão usadas no ambiente da cerimônia de casamento e passar dias incontáveis analisando listas de convidados. Você estaria mais que contente em aceitar qualquer sugestão da sua noiva – se ela começasse logo a sugerir –, em vez de pedir a sua opinião.

Em ambas as posições extremas e em todas as intermediárias, você precisará rever suas expectativas a respeito do que sabe sobre a mulher que ama (leia mais sobre isso na seção "Distinguindo a Mulher que Você Ama de Sua Noiva") e modificar seu próprio comportamento para estar alinhado às mudanças ocorridas com a sua noiva. Não deixe que o jogo de cintura que o levou tão longe no relacionamento falhe agora.

O *Checklist* do Noivado

Agora que suas expectativas foram rebaixadas, aqui estão alguns itens que você e sua noiva devem levar em consideração:

Quando Deverá Ser o Casamento?

Estipular uma data é o primeiro passo de qualquer planejamento de casamento, porque isso insere o evento na realidade, estabelece a linha do tempo e permite que os participantes e convidados tomem providências. A questão crucial é que vocês podem se casar quando quiserem, mas não esperar que todos estejam disponíveis quando precisarem deles. Além disso, sugerimos o seguinte:

Ceda à preferência da sua noiva quanto à data. Se ela sempre desejou se casar na primavera, que seja no mês das flores. Se preferir o outono, estipule a data de acordo. Caso ela não tenha preferência, então leve as considerações a seguir mais a sério.

Não se apresse. A maioria dos especialistas adverte que você precisará de, no mínimo, seis meses para planejar o casamento corretamente. E eles estão certos. Certamente, pode consegui-lo em menos tempo se estiver extremamente focado e seus planos forem modestos. Contudo, lembre-se de que não estará sozinho nessa empreitada e que todos que irão se envolver no processo, ou que simplesmente precisarão estar presentes, também necessitarão de um tempo amplo de planejamento. Além disso, lembre-se de que, em geral, somente valorizamos nossa sanidade quando já não a temos mais (o que se aplica também à sua noiva) Portanto, evite se estressar além do necessário. Mas...

Não protele. Alguns dirão que a duração do noivado não importa, porque a sua união pré-marital é forte e vocês estão apenas "oficializando" a situação. Mas acredite: você não quer passar anos falando dos preparativos para o casamento. Tente deixar tudo pronto dentro de seis a catorze meses. Se esse tempo parecer escasso, volte à pré-avaliação do casamento e verifique se deixou de considerar algo importante. Se a protelação for da sua noiva, é melhor descobrir o motivo o quanto antes, senão será muito tarde.

Considere a família e os amigos. De maneira alguma você deve escolher a data com base somente no que pensam os familiares. (Se a família da sua noiva estiver tentando ditar a data, isso poderá causar grandes constrangimentos; se a sua família estiver tentando interferir, poderá levar a um incidente interno.) Entretanto, se quiser que todas essas pessoas estejam presentes no seu casamento, leve em consideração os obstáculos que elas eventualmente terão de enfrentar. Talvez algumas pessoas que lhe são importantes sintam-se impedidas de participar por motivos de doença, parto, trabalho ou compromissos agendados no exterior. Algum dos seus amigos está planejando um casamento na mesma época? Se a festa for em um sítio nas montanhas, os parentes mais idosos e os mais jovens conseguirão chegar até lá? Antes de fixar a data, faça uma lista com sua noiva incluindo todas as pessoas indispensáveis. Faça o melhor para encontrar uma data com a qual os dois concordem e que atenda ao maior número possível de convidados. Desse modo, poderão buscar seu lugar ideal sabendo que a disponibilidade das outras pessoas foi levada em consideração.

Qual Deve Ser a Magnitude do Evento?

Como acionista majoritária da cerimônia de casamento – especialmente se a família dela estiver arcando com grande parte da carga financeira –, a opinião da sua noiva sobre a magnitude do casamento, além de outras questões, deve valer o dobro da sua. Se a família dela estiver assinando os cheques, qualquer desentendimento quanto aos custos poderá, provavelmente, ser esclarecido por eles.

Talvez vocês já tenham discutido o tipo de casamento que desejam. Nesse caso, já terão alguma ideia sobre o que estão prestes a planejar. Mas não se surpreenda se a opinião dela sobre a ocasião tiver mudado drasticamente entre a conversa que

tiveram sobre se casar e o momento em que se tornaram noivos. O conjunto de regras internas sob o qual sua noiva está operando agora é diferente (veja "Distinguindo a Mulher que Você Ama da Sua Noiva"), e ela talvez não leve na esportiva se for responsabilizada por alguma afirmação do passado.

Desse modo, não queremos assumir que sua noiva se comportará irracionalmente, porque ela continua sendo a mesma pessoa que você pediu em casamento. Apenas leve em consideração que vocês estarão falando sobre assuntos muito mais significantes que o almoço de domingo. Durante os preparativos, ela o estará levando muito a sério e perceberá claramente se você também a estiver, ou não.

Quanto Podemos Gastar?

Ah, as noivas. Essa é a área na qual você não poderá simplesmente acomodar-se e desfrutar da viagem. Sua noiva provavelmente começou a planejar seu casamento anos antes de vocês até mesmo se encontrarem. Portanto, ela não deixará que um talão de cheques fique entre ela e seu conto de fadas.

Deixar que a família da noiva pague as despesas do casamento é uma tradição chauvinista, similar a um dote, mas também pode ser uma grande vantagem. Se você encontrar uma família com valores tradicionais como esse, bendiga-a. É mais provável, entretanto, que o financiamento do casamento seja um esforço conjunto: você e sua noiva contribuirão, e (oxalá) ambas as famílias também. Tente, de antemão, obter uma ideia do que terá de gastar e, então, contabilize suas despesas ativamente. Você não deseja terminar falido, mas isso não deve impedi-lo de pensar de modo ambicioso. Você está planejando um dia do qual quer levar boas lembranças pelo resto da vida – e, mais importante, do qual sua noiva deseja se lembrar com carinho. Economizar desde já pode ser a garantia de que ambos fiquem mais felizes quando chegar o grande dia.

Entretanto, você terá de se manter firme e razoável se sua noiva não aceitar de bom grado os limites de gastos. Se pensar desde o início em alternativas boas e mais acessíveis, conseguirá evitar ter de lhe dizer que algo não poderá ser feito simplesmente porque não tem dinheiro para pagá-lo.

Se puder encontrar alguém para ouvi-lo e apoiá-lo, como seus pais, irmãos ou amigos próximos, fale com eles sobre alternativas, de modo que você não se torne o grande vilão da história.

Por fim, independentemente de quem contribua, seja um cavalheiro e agradeça.

Quando Devemos Dizer o "Sim"?

Uma vez resolvido o orçamento, você poderá voltar à sua função de acionista minoritário, o que significa que sua opinião sobre o local do casamento se tornará amplamente irrelevante. Sua noiva pode estar favorecendo sua cidade natal, um lugar favorito de veraneio durante a infância dela ou vários outros ambientes. Qualquer objeção que você tenha deve ser cuidadosamente repensada antes de ser comunicada, em especial se os pais dela estiverem pagando. Contudo, mesmo que não estejam, você terá de se valer de argumentos sentimentais muito convincentes se quiser se casar no “seu” lugar favorito.

Deus Está Convidado?

A maioria das cerimônias de casamento ocorre em igrejas, sinagogas e outros locais religiosos. Mas mesmo quando acontecem em outros ambientes, é provável que sejam celebradas por alguém com alguma convicção religiosa.

Se você e sua noiva são da mesma religião, tudo bem – mesmo que ainda tenham as famílias a considerar, caso as crenças delas não harmonizem com as suas. Nesse caso, você e sua noiva devem ser fiéis à convicção de vocês. Trata-se do seu casamento, portanto, se a religião tiver um papel importante na vida de ambos, não deverão deixar ninguém decidir em seu lugar. Certamente, não devem permitir que ninguém tente convencê-los a participar de tradições que não lhes sejam relevantes.

Contudo, se você e sua noiva não tiverem conciliado suas crenças religiosas, é melhor se adaptar à dela. Mesmo que seja importante para você se casar como um fiel presbiteriano, entenda e aceite a preferência da sua esposa por uma cerimônia católica. Se as diferenças forem mais profundas e a sua opinião for a mais forte, vocês precisarão chegar a um acordo antes de prosseguir. Sua espiritualidade é um campo no qual deve se sentir em paz, especialmente se pedirem a você que aceite fazer concessões, mesmo que seja apenas por uma tarde.

Checklist do Noivado

Use este formulário para anotar os parâmetros adapte-se aos desejos de sua noiva.

CERIMÔNIA DE CASAMENTO

DATA ☐☐ / ☐☐ / ☐☐ HORA ☐☐ : ☐☐ ◯ A.M. ◯ P.M.

Local

Endereço | **Cidade**

Estado | **País** | **Código Postal**

RECEPÇÃO

DATA ☐☐ / ☐☐ / ☐☐ HORA ☐☐ : ☐☐ ◯ A.M. ◯ P.M.

Local

Endereço | **Cidade**

Estado | **País** | **Código Postal**

CONVIDADOS ☐☐☐ x CUSTO ☐☐☐.☐☐ = TOTAL ☐☐☐☐☐.☐☐

básicos de sua cerimônia e recepção. Em caso de dúvida,

RELIGIÃO

○ ○ ○ ○ ○ ○ ○ ○ ○ ○

Denominação	Celebrante

PADRINHOS E MADRINHAS

	Nomes	
PADRINHOS x ☐☐		

	Nomes	
MADRINHAS x ☐☐		

Quem Ficará ao Nosso Lado no Altar?

Talvez você sempre tenha imaginado que uma dúzia dos seus melhores amigos de infância, da escola, do trabalho e do futebol estariam ao seu lado na ocasião do seu casamento. Contudo, lembre-se que o termo "padrinhos" envolve homens e mulheres. Mais uma vez, será preciso ceder à opinião da acionista majoritária, afinal, seus amigos o entenderão bem mais rapidamente que ela. Se depois de escolherem os casais que ficarão no altar ela ainda tiver alguma amiga que não tenha acompanhante, tente incluir um dos seus amigos que esteja sozinho. Mas apenas não espere que isso funcione.

E Quanto a Outras Tradições?

Quase todos os casamentos são precedidos por despedidas de solteiro. Em geral, isso quer dizer que você poderá reunir aqueles amigos de que tanto gosta – os de infância, da escola, da faculdade, do trabalho e do futebol – e sair para se divertir (beber!) sem as respectivas mulheres. Juizo! Lembre-se de que seu casamento poderá ser no dia seguinte, portanto, não cairá nada bem chegar com uma forte ressaca na igreja – ou, pior, simplesmente não chegar. As mulheres também costumam se reunir para uma despedida na semana do casamento, contudo, tem se tornado comum que todos – homens e mulheres – reúnam-se para se divertir juntos.

Distinguindo a Mulher que Você Ama de Sua Noiva

Antes de prosseguir com o planejamento da cerimônia, reserve um tempo para se familiarizar com as transformações psicológicas pelas quais uma mulher poderá passar e como elas influenciarão as tarefas a serem cumpridas.

A mulher que você ama é facilmente reconhecível por meio de algumas características principais:

- Ela significa tudo para você;
- Ela é a encarnação da beleza;
- Ela o faz sorrir, o consola e até consegue fazer com que aquela musiquinha sentimental e extremamente brega não pareça tão horrível;
- Ela se entende bem com seus amigos e a sua família (em grande parte);
- Caso decida ter filhos, ela será a mãe perfeita;
- Enfim, ela é tão indescritivelmente especial que você a pediu em casamento.

Infelizmente, a mulher que você ama muitas vezes entra em estado de hibernação por um período indeterminado entre a proposta e o casamento; sua "noiva" toma o lugar dela. Você reconhecerá o surgimento da "noiva" por meio de vários sinais reveladores:

- Aumento de agitação, beirando ou até se transformando em agressividade;

- Senso de humor diminuído ou sardônico. Não é raro que o humor seja substituído inteiramente pela agitação ou agressão;
- A aparição de uma espécie de competitividade que pode ser tão agressiva e inexplicável quanto a "guerra" que existe entre a Coca-Cola e a Pepsi. Sua única motivação é sobrepujar todo e qualquer casamento ao qual tenha ido, que tenha visto na televisão ou sobre o qual tenha lido;
- Qualquer erro que você cometa, independentemente da gravidade, se tornará uma mancha negra na sua "ficha" e será considerado uma inaptidão grave pelo resto do relacionamento;
- Tarefas simples e aparentemente prazerosas, como experimentar bolos de casamento e o menu do jantar especial, poderão levá-la às lagrimas ou até mesmo aos prantos.

Por Que Isso Acontece?

O processo de socialização feminino é diferente do masculino. Homens podem criar laços de amizade com base em atos tão simples como assistir a um jogo de futebol juntos, enquanto as mulheres tendem a fraternizar compartilhando momentos emocionalmente mais significantes: empregos e aulas, relacionamentos e separações, *hobbies* em comum e outros. Como resultado, elas dão uma importância profunda a eventos sociais, especialmente àqueles dos quais são as anfitriãs. Além disso, homens crescem fingindo ser atletas profissionais, astros do rock e assumindo outros papéis geralmente relacionados a uma atitude corajosa e até irresponsável. Eles raramente promovem lanchinhos

comunitários imaginários ao brincar de casinha, nem sonham com casamentos. Portanto, fantasias infantis se entrelaçam com a realidade adulta mais frequentemente para as mulheres que para os homens, transformando até mesmo a cerimônia mais profana em uma experiência religiosa para sua noiva.

Esse radicalismo ainda é agravado pelos meios de comunicação e pela cultura popular. As revistas e os jornais estão forrados de fotos dos casamentos das celebridades; todas as comédias românticas, mesmo as que não são expressamente sobre casamentos, costumam envolver um romance de conto de fadas, que acaba levando ao casamento; programas de TV patrocinam "casamentos dos sonhos" regularmente; e existem até mesmo *reality shows* na TV que abordam todos os pormenores do planejamento de um casamento. Tentar influenciar a mente de uma mulher enfeitiçada de maneira tão penetrante o confrontará com uma força absolutamente incompreensível e poderosa, portanto, o melhor é desistir.

O Que Minha Noiva Fez Com a Mulher Que Eu Amo?

Tudo isso pode dar a impressão de que a mulher que você ama está delirando, mas há uma razão por trás dessa transformação. A sua noiva, com sua vontade insaciável por perfeição e suas táticas atrozes, planejará o casamento muito melhor que a mulher que você ama, porque, como já foi dito, grandes feitos exigem grandes sacrifícios. Apenas não se esqueça de que a mulher que você ama ainda habita aquele corpo, e quanto mais ajudar a sua noiva – apoiando-a quando

ela precisar de colaboração e corrigindo-a quando for preciso –, mais rapidamente terá a mulher que você ama de volta.

Os Atores: Cartilha das Personalidades

Ao embarcar no seu noivado, várias pessoas aparecerão, quer você goste ou não. Requerimentos serão feitos e ultimatos serão apresentados. Para evitar os últimos e fazer com que os primeiros transcorram da melhor maneira possível, familiarize-se com os atores principais do seu noivado e do seu casamento.

Sua Noiva

"Noiva" é o perfil de personalidade adotado de modo consciente ou inconsciente pela mulher que você ama para assegurar que ela possa dar conta de todos os desafios apresentados pelo noivado (veja também "Distinguindo a Mulher que Você Ama de Sua Noiva").

Características Físicas

- **Beleza.** Durante o noivado, você poderá verificar que a sua noiva parece mais atraente que de costume. Essa mudança pode resultar do aumento do apego emocional causado pelo noivado. Pode também estar relacionada ao intenso regime e às atividades físicas por conta da preparação para o casamento. Em todo caso, é importante que você a elogie.

■ **Energia aumentada.** Talvez a sua noiva esteja mais ativa durante o noivado, o que pode levá-la a esperar o mesmo de você.

■ **Mandíbula cerrada, olhos arregalados.** Essa combinação de características pode servir como aviso prévio para um ou vários dos traços listados a seguir.

■ **Ampla gama de variações na aparência.** Talvez você perceba que seu jeito de se vestir varia desde o mais produzido ao mais desleixado. Pode ser que o primeiro seja esperado de você, enquanto o segundo deve ser evitado sempre que possível.

■ **Visível exaustão.** Você também notará olhos mais inchados e vermelhos, cabelos despenteados, frequente franzir das sobrancelhas e outros sinais de que ela está precisando de uma pausa.

Características de Personalidade

■ **Perfeccionismo.** A maioria das noivas sente uma necessidade de fazer tudo o que está relacionado ao casamento da maneira mais perfeita possível. Esse perfeccionismo se estende a todas as tarefas relacionadas, independentemente do tamanho ou do valor relativo. Isso pode deixar a reação dela à sua administração de tarefas ora imprevisível, ora insaciável.

■ **Variações de Humor.** Ao planejar o casamento, sua noiva pode ser afetada de maneiras aparentemente aleatórias por suas inúmeras responsabilidades. Um momento de alegria pode ser seguido de pura raiva ou terror. Um ataque de raiva, por sua vez, poderá culminar em alívio. Seus padrões emocionais talvez se mostrem imprevisíveis, e certamente o serão, tornando quase impossível para você, ou para ela mesma, enfrentá-los. Mas, sabendo disso, você pelo menos estará preparado.

- **Ansiedade/Incerteza.** Essas emoções poderão ser causadas por outros atores principais do noivado, incluindo você. Razões que despertam ansiedade incluem as expectativas da família e dos amigos, o nervosismo relacionado à maneira como ela e outros lidam com os preparativos ou os pensamentos acerca do comprometimento dela para com o relacionamento.
- **Agressividade Aumentada.** Como mencionado anteriormente, talvez a combinação entre perfeccionismo e incerteza leve sua noiva a tornar-se mais propensa a confrontos. Sua agressividade poderá ser direcionada contra você, outros atores principais e até mesmo expectadores inocentes.
- **Exuberância.** Pode ser que sua noiva, em vez de passar pelas diversas transformações de personalidade listadas aqui, resolva optar por considerar apenas o lado bom do noivado e do planejamento. Cada evento será um desafio a saborear, ao contrário de um obstáculo a vencer. Cada dia a presenteará com novas tarefas, às quais ela se lançará de modo voluntário e imediato. Tais circunstâncias são raras e devem ser aproveitadas enquanto durarem.

Ferramentas e Táticas

- **Não cutuque a onça com vara curta.** Como no xadrez, a rainha é a peça mais poderosa do tabuleiro, e você, o rei, é relativamente impotente em comparação. Da mesma forma, a noiva também é a peça mais importante do jogo. Todos estão lá para protegê-la, incluindo você, e, mesmo que possa se mover apenas um quadrado por jogada, precisa estar preparado para fazer os movimentos certos. Não deve ceder a ela em tudo, mas o segredo do entendimento e da felicidade de sua noiva (e de manter o noivado no rumo certo) é provocá-la somente em casos de emergência. Em outras palavras, a maioria das situações pelas quais você crê que vale a pena lutar, na realidade, não vale – pelo menos durante o noivado.

- **Abstenha-se de analisar as falhas dela.** Estamos felizes em poder alertá-lo sobre as características mencionadas no parágrafo anterior, mas não se esqueça de que a raiz de "tática" é "tato". Sendo assim, recomendamos que demonstre algum ao tentar combater uma das novas manias da sua noiva. Em outras palavras, dizer "meu bem, você está sendo irracional" provavelmente será interpretado como uma declaração de guerra, e não como um conselho útil.
- **Aplique o sedativo dos elogios.** Se não está acostumado a fazer elogios não solicitados à sua noiva, esta é uma boa hora para começar. Eles podem amenizar uma situação potencialmente crítica e ainda garantir momentos que já se mostravam naturalmente amorosos. Entretanto, caso você já tenha partido para o confronto aberto, elogios darão, no máximo, uma distração – ou, pior, poderão servir de combustível para a raiva e a frustração dela.
- **Faça uso de todos os recursos.** Alguns temas nunca serão de abordagem fácil entre os futuros noivos. Em tais circunstâncias, lembre-se de que você não está sozinho. Madrinhas, sogros, cunhados e outros podem ser recrutados, a fim de produzir um resultado mais satisfatório do que aquele que você seria capaz de conseguir sozinho.

CARACTERÍSTICAS DA PERSONALIDADE

1. Aprecia coisas belas
2. Mantém a paz entre as famílias
3. Será uma excelente mãe para os seus filhos
4. Inspira-o a passar o resto da sua vida com ela
5. Inspira outros a se apaixonar
6. É sua alma gêmea
7. Foi seu amor à primeira vista

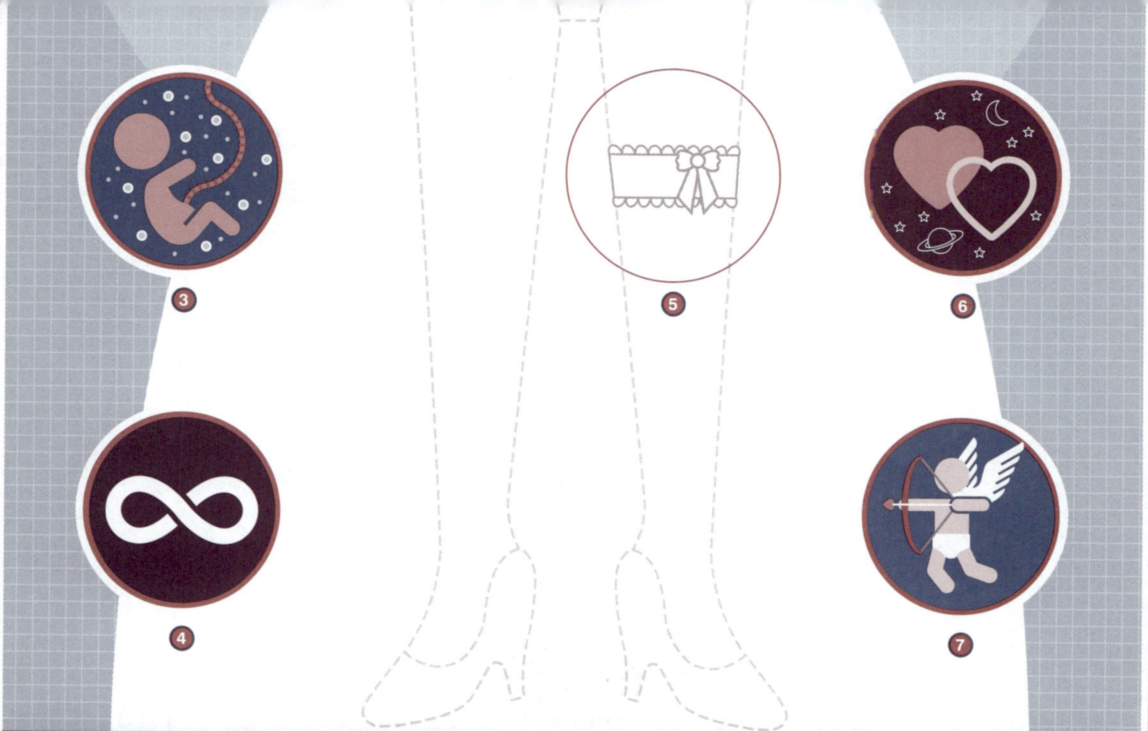

A MULHER QUE VOCÊ AMA: Esta é a mulher com quem irá se casar.

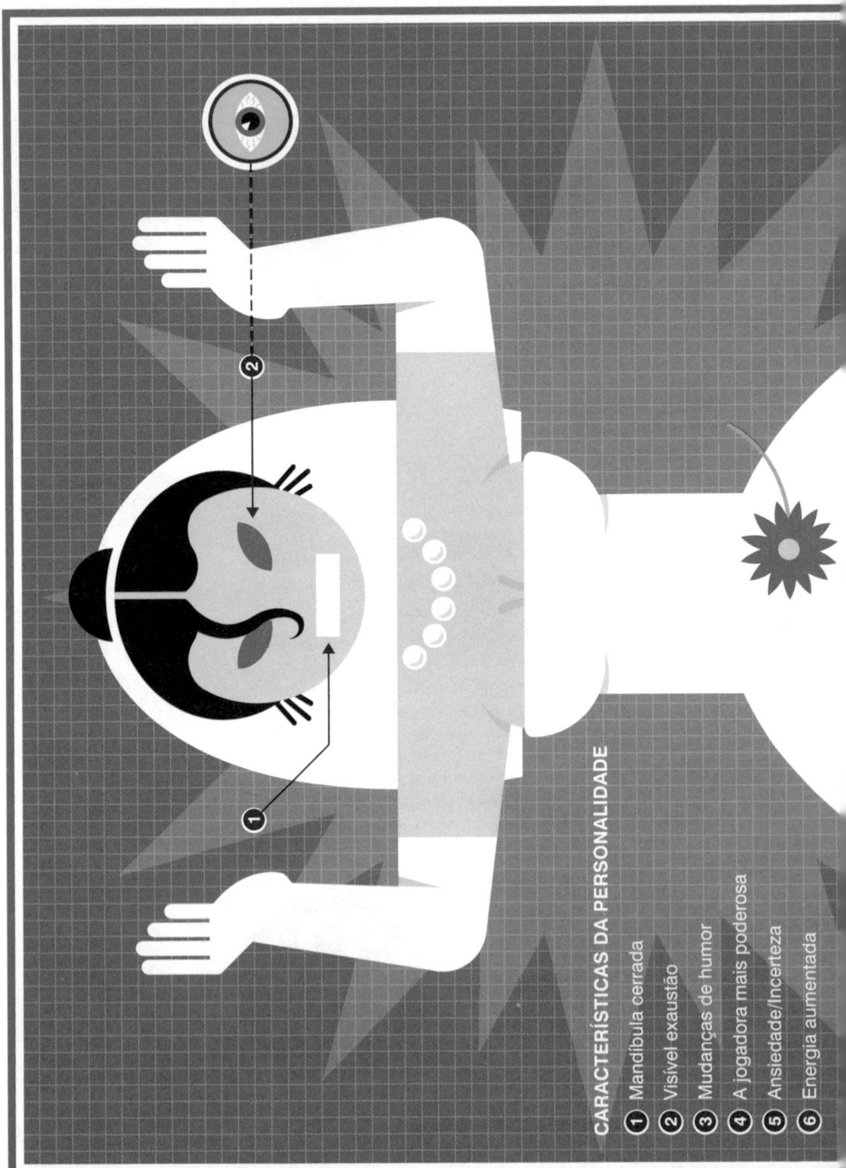
CARACTERÍSTICAS DA PERSONALIDADE
1 Mandíbula cerrada
2 Visível exaustão
3 Mudanças de humor
4 A jogadora mais poderosa
5 Ansiedade/Incerteza
6 Energia aumentada
1
2

SUA NOIVA: Esta é a mulher que está planejando seu casamento. Aproxime-se com cautela.

- **Reconheça seu alfa.** Muitas vezes, sua noiva não precisará de nada além da sua presença masculina. Talvez ela queira apenas se soltar em seus braços, deixar que você tome a decisão definitiva ou confronte um familiar ou amigo. Você pode considerar essas situações como seus momentos de glória para provar que é capaz de ser o macho alfa protetor, independentemente das razões para isso. Pode ser que ela peça ajuda abertamente, mas você deve também aprender a perceber quando ela estiver apenas insinuando.
- **Ame sua beta.** Contudo, saiba a hora de assumir o comando e quando deve se considerar satisfeito em movimentar-se um quadrado por vez. Evite ser percebido como um chauvinista e, por razões óbvias de responsabilidade pessoal, assumir a carga principal do planejamento da cerimônia. Então, apesar de ser legítimo expressar suas opiniões sobre o bolo ou as flores, não se surpreenda se a única pessoa que se importar com elas for você mesmo.

Você

Olá, como vai? Você é o noivo ou, se preferir, o cara que vai se casar. Pode parecer estranho ler uma definição de si mesmo, mas é necessário entender tudo que terá de fazer à medida que o noivado prossegue. Comecemos com a cronologia: você é o segundo desta lista, porque sempre será a segunda figura mais importante do casamento. Antes de soltar um grande suspiro de alívio, saiba que estar em tal posição não significa ausência de estresse. De fato, no decurso do noivado, você poderá notar alguns novos traços na sua personalidade.

Características da Personalidade

■ **Sr. Romance.** Nada como um noivado para acelerar ao máximo os seus impulsos de romantismo. Você irá se flagrar experimentando um novo desejo de mandar flores, passear no parque, escrever cartas de amor e tudo aquilo que costumava fazer no início do relacionamento. Esses instintos são bons e certamente pagarão dividendos (e esperamos que sem demora) ao longo do caminho.

■ **Sr. Maluco.** Casamentos podem reduzir até mesmo o mais calmo e controlado dos noivos à mera sombra de um homem. Felizmente, ser o noivo o habilita a designar outros como terapeutas temporários. Se sentir que está enlouquecendo, converse sobre isso – com qualquer pessoa que não seja sua noiva – antes que tudo escape ao controle. E não se preocupe, você não está sozinho. Seus amigos casados contarão que também passaram por todas as emoções que está vivenciando no momento.

■ **Sr. Parceiro Silencioso.** Você e sua noiva tomarão toda espécie de decisões de maneira conjunta, e esta será uma rara oportunidade pré-matrimonial de provar que não é um completo idiota. Demonstre um interesse ao menos moderado, mesmo que o tema seja completamente desinteressante (buquês, talheres etc.), e assuma o comando quando a situação assim o exigir. Sua noiva poderá nem sempre concordar com você, mas apreciará seu envolvimento. Durante o noivado, e especialmente no dia do casamento, você desfilará em frente a uma longa fila de amigos e familiares que talvez nunca tenha visto antes. A ladainha das apresentações pode se tornar maçante. Por conta disso e em razáo das expectativas que sua noiva direciona a você enquanto o apresenta, é provável que queira arquitetar planos de sabotagem para

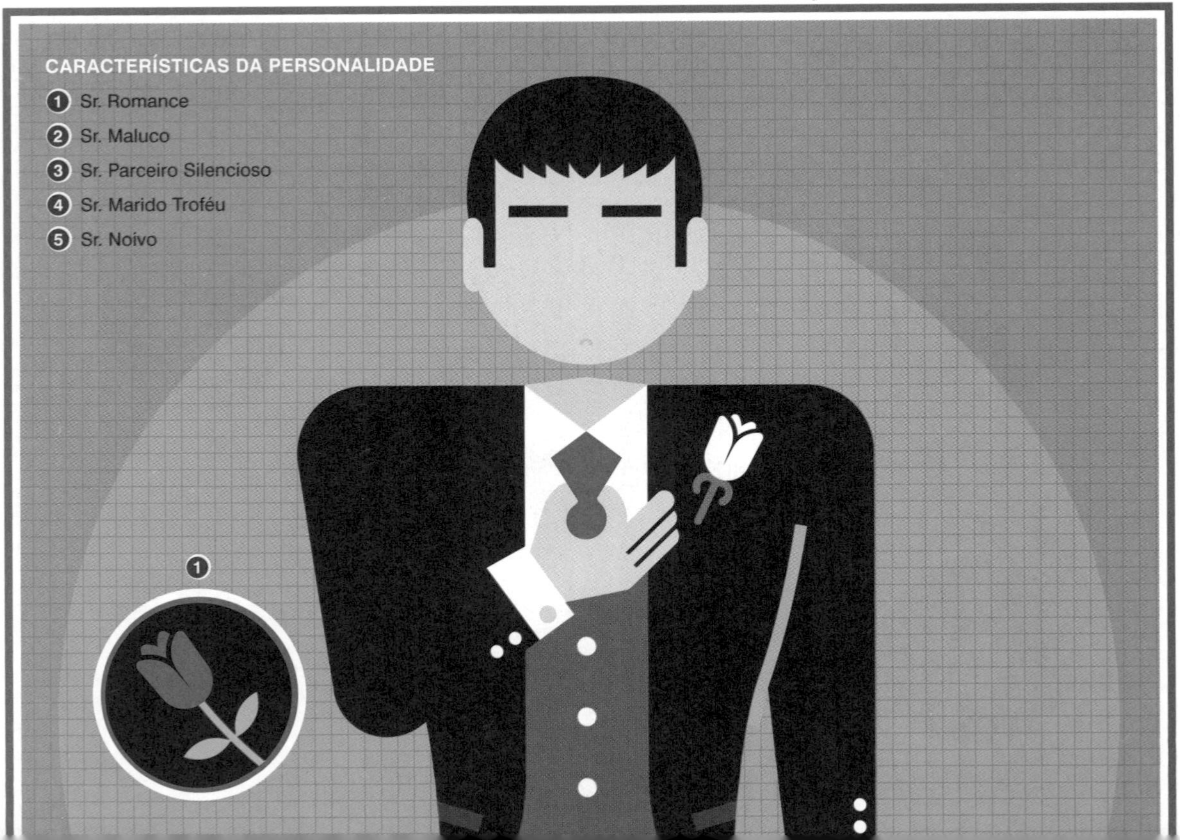
CARACTERÍSTICAS DA PERSONALIDADE
1 Sr. Romance
2 Sr. Maluco
3 Sr. Parceiro Silencioso
4 Sr. Marido Troféu
5 Sr. Noivo
1

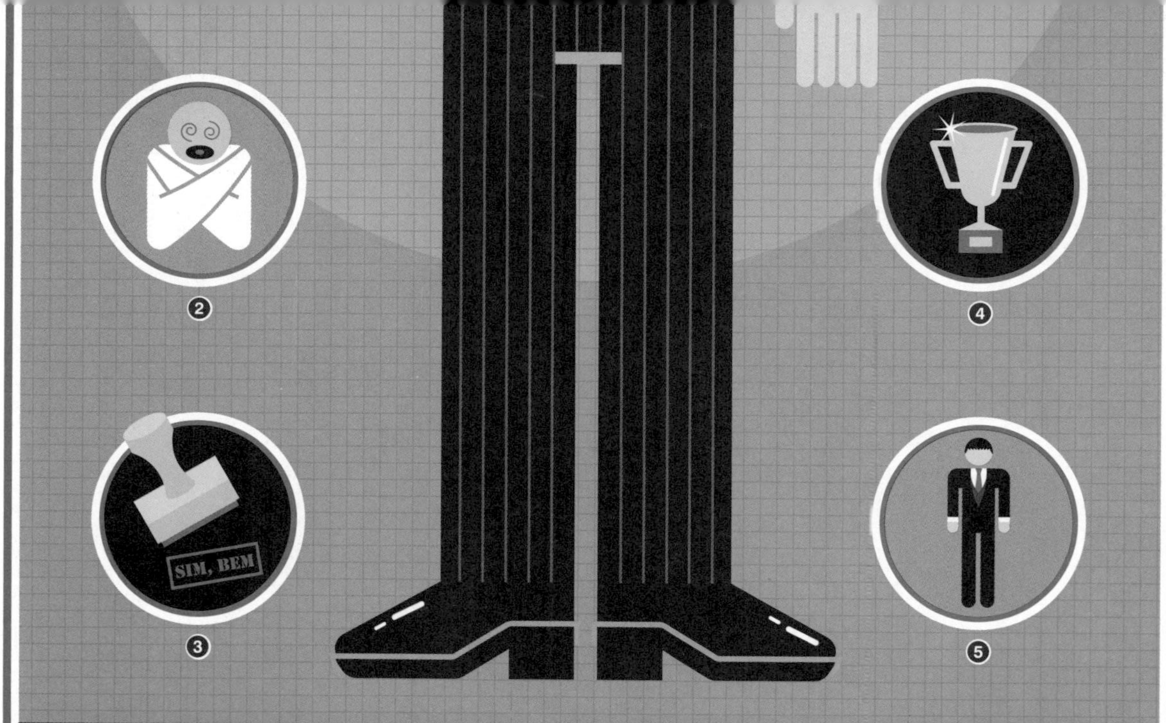

VOCÊ (VULGO "O NOIVO"): Prepare-se para desempenhar diversos papéis durante o planejamento da cerimônia.

conseguir sair logo dali. Lute contra esse impulso! Além de uma primeira má impressão que poderá se manter durante anos, você talvez deixe de garantir alguns bons presentes de casamento. Mantenha uma postura cavalheiresca durante o noivado, mesmo que as suas bochechas comecem a doer de tanto sorrir.

- **Sr. Noivo.** Por último, independentemente de quão tumultuosa tenha sido sua experiência com sua noiva, esqueça tudo no dia do casamento. Você se lembrará dele pelo resto de sua vida, e ela também. Certifique-se, portanto, de que essas memórias sejam boas.

Sua Sogra

Quase certamente, sua sogra será a segunda mulher mais importante do casamento. Não queremos dramatizar demais, mas é possível que ela reine sobre o noivado como uma deusa onipresente e vingativa. Partindo do pressuposto de que ambas se deem bem (ou pelo menos falem uma com a outra), ela estará envolvida na maioria das principais decisões do noivado; pode ser que assine boa parte dos cheques que pagarão pelas festividades. Além disso, ela talvez dê uma prévia de como será sua esposa nos anos que seguirão. Tome cuidado ao ignorá-la.

Características da Personalidade

- **Filha de peixe, peixinho é.** Até certo ponto, todos somos um reflexo dos nossos pais. Ao procurar padrões no comportamento da sua sogra, comece analisando sua noiva. Se ela tem seus métodos para conseguir o que almeja, provavelmente os aprendeu, em parte ou totalmente, com a mãe. O mesmo vale para o inverso. Então, se você tiver uma oportunidade para estudar como sua sogra interage com seu sogro, preste atenção.

- **A superproativa.** É possível que sua sogra fique tão excitada com seu envolvimento no casamento que acredite estar ela mesma se casando. Eventualmente, trará pilhas de revistas com orelhas e páginas marcadas. Talvez encare as suas ideias para o casamento com um silencioso ceticismo. Quem sabe ela irá buscar o próprio vestido de noiva no baú e sugira que sua noiva o use. Pode até ser que siga fazendo planos para o casamento sem consultar você e sua noiva. Caso perceba essas pistas, é melhor deixar a sua noiva lidar com o assunto em vez de tomá-lo nas próprias mãos.
- **A assistente executiva.** Porém, caso sua sogra entenda perfeitamente seu próprio papel, ela será de tremendo valor e uma ótima aliada. No melhor dos casos, servirá como uma assistente pessoal extremamente profissional, ajudando a sua noiva a reduzir suas opções em termos de flores, bolos, locais e outras decisões das quais você, aliás, quer distância.
- **A defensora das tradições.** Talvez você seja persuadido a uma cerimônia íntima, somente para os familiares mais próximos. Outra possibilidade é que ela queira vê-lo quebrar vidros aos gritos de "*mazel tov*!" [boa sorte, em hebraico]. Quem sabe esteja pensando em convidar todos que vivem na cidade natal de sua noiva. Independentemente das expectativas, é provável que essa atenção pelas tradições venha dos pais e, principalmente, do ente mais envolvido com o planejamento do casamento.

A SOGRA
PROTOCOLOS MATERNOS
1 Filha de peixe, peixinho é
2 A superproativa
3 A assistente executiva
4 A defensora das tradições
5 A futura parenta
6 A agitadora da filha
NOIVA

Isso não significa que você e sua noiva não sejam receptivos àquelas que os outros consideram importantes, mas certamente haverá algumas que você particularmente não desejaria observar. O nosso conselho é: tome cuidado. Já dissemos e repetimos que o casamento é de vocês dois, mas isso não significa que possam excluir todos os outros. Isso vale principalmente para aqueles que eventualmente pagarão a conta. Você e sua noiva devem decidir quais são as tradições contra as quais vale (ou não) a pena lutar, e então assumir uma posição clara.

- **A futura parenta.** O noivado pode ser a desculpa pela qual a sua sogra estava esperando para começar a ditar regras. Vai ser difícil aguentá-la, mas não revide com força. Com o casamento, logo essa pessoa será a sua "mãe reserva", então deve tratá-la com o mesmo respeito e a mesma dignidade com que trataria a sua própria mãe. Mas com uma diferença: não assuma automaticamente que poderá confrontá-la, como faz com a sua. Isso levará algum tempo – e, quando ele vier, aproveite-o.
- **A agitadora da filha.** Em certas circunstâncias, sua sogra talvez esteja fazendo cobranças exageradas com respeito ao noivado ou, até mesmo, em relação à filha, agindo até de modo desleal. Talvez você se sinta inclinado a defender a honra de sua noiva. Se esse momento surgir, mantenha o ponto anterior em mente: o que parece irracional a você talvez seja apenas a maneira como a sua noiva e a mãe dela estão acostumadas a se relacionar. Afinal, você não deseja alienar uma parenta antes mesmo que ela se torne uma.
- **A Supermãe.** Por fim, considere-se sortudo se todas as peças se encaixarem e a sua futura sogra se mostrar a combinação perfeita entre amiga, parenta e planejadora. Pode ser que ela seja capaz

de dar ótimos conselhos com base mais em experiência que em expectativas. Talvez ela saiba exatamente como tranquilizar a sua noiva. Pode até ser que o deixe perfeitamente confortável e receba suas sugestões de braços abertos. Se isso acontecer, talvez você nem precise tanto deste livro.

Seu Sogro

Aqui chegamos à dinâmica do noivado que se mostrou mais frutífera para produtores de Hollywood e autores de novelas. É provável que, em algum nível, a sua noiva seja a queridinha do papai e que seu futuro sogro tenha sido o homem mais importante da vida dela – até que você apareceu. Somente os "deuses do casamento" sabem dizer por que o homem e chefe financeiro da celebração do seu matrimônio também será aquele com as maiores dúvidas quanto às suas intenções.

Por que ele suspeita tanto de você? Porque ele é um sujeito exatamente como você – um dia, esteve no seu lugar e hoje consegue visualizar perfeitamente como ele mesmo se sentira perdido na ocasião. Se conseguir se livrar da ansiedade, poderá de fato aprender muito sobre si mesmo ao lidar com o pai de sua noiva.

Características da Personalidade

- **O Protetor.** Desde o dia em que sua noiva nasceu, o pai dela foi possuído por um instinto primário que visa proteger a filha contra qualquer hostilidade. Deve ter visto alguns namorados anteriores a você e, independentemente de ser o sujeito que lhe oferece uma

O SOGRO

PROTOCOLOS PATERNOS

1. O Protetor
2. O Banco
3. O Iniciado

cerveja e alguns conselhos ou que monta guarda na porta com uma espingarda na mão, ele quer o melhor para a sua menininha. Chegando ao ponto do noivado, esperamos que você e seu futuro sogro já tenham alguma espécie de relacionamento. Mas esteja avisado de que, quando o dinheiro dele estiver envolvido e a sua filha estiver em estado avançado de excitação, ele se manterá alerta. A melhor maneira de acalmá-lo é acalmando a sua noiva.

- **O Banco.** É possível que você e a sua noiva estejam bancando grande parte dos custos do casamento ou que eles sejam distribuídos igualmente pelas duas famílias. Contudo, se o financiamento for à maneira tradicional, o maior valor será assinado pelo velho e querido pai (da noiva). Evite então zangá-lo com gastos excessivos. Aliás, sob esse regime financeiro tradicional, você deve ceder à sua noiva de qualquer maneira.
- **O Iniciado.** Há outra razão para cultivar um bom relacionamento com seu futuro sogro: ele poderá não somente prover uma boa perspectiva da sua noiva, mas também um suporte moral. Afinal, ele conhece a sua escolhida desde que ela nasceu, então, em muitos casos, saberá o que se passa na cabeça dela. Em tempos difíceis, ele poderá até mesmo ser a voz da razão ou um agente apaziguador. Entretanto, não se engane pensando que, agora que vocês se tornaram amigos, ele automaticamente estará ao seu lado se a situação se agravar. A prioridade máxima dele sempre será a filha; se você fizer alguma bobagem, ainda estará sozinho.

Sua Mãe

A sua mãe detém um papel singular: ela é a mulher mais proeminente envolvida no casamento, cuja participação é completamente desnecessária. É claro que você não deve nunca, em circunstância alguma, comunicar esse fato a ela. Em muitos casos, o seu casamento será a ocasião mais excitante da vida dela, desde, bem... seu próprio casamento.

Características da Personalidade

- **Sua Protetora.** No decorrer da cerimônia do casamento, pode ser que sua mãe entre em modo natural de proteção, se ela sentir que sua noiva, ou qualquer outra pessoa, está tentando deixá-lo em desvantagem. A maneira como ela decidir abordar esse dilema terá um impacto monumental na dinâmica entre a mulher que o deu à luz e aquela com a qual você planeja passar o resto de sua vida. Você logo poderá se ver confrontado com a tarefa de proteger os sentimentos da sua progenitora e, ao mesmo tempo, assegurar à sua noiva que ela é a mulher mais importante em sua vida. Não nos faça dizer quem é a mais importante e qual delas superará o caso com mais rapidez.
- **A Superproativa.** Assim como sua sogra, sua mãe também poderá cair na armadilha de confundir o seu casamento com o próprio. Observe os sinais de alerta discutidos anteriormente.
- **A planejadora do chá de cozinha.** Os rituais de casamento do mundo ocidental também dão à família do noivo uma chance de planejar o seu próprio minievento especial: o chá de cozinha. Descreveremos

essa tarefa em detalhes mais adiante. Por ora, considere-o como uma brincadeira para distrair a sua mãe do fato de que ela não está participando das principais decisões que envolvem o casamento em si.

Seu Pai

Pais são confidentes de um tipo diferente. Caso tenha um bom relacionamento com o seu, ele poderá ser aquela pessoa que dirá todas as palavras sábias e inteligentes que farão com que você – o filho – se sinta bem consigo mesmo, além de oferecer conselhos valiosos sobre o que o casamento realmente significa para um homem. Melhor ainda, nós podemos garantir que ele não irá aborrecê-lo com sua opinião sobre os arranjos florais.

Características da Personalidade

- **O Conselheiro.** Assim como a sua mãe confidente, ele o ajudará a lidar com suas emoções, transformando-as em ações. E você precisará de ação para aguentar as situações ruins (e as piores). Seu pai entenderá o que você está sentindo e indicará a direção certa.
- **O soldado com experiência de batalha.** A não ser que seus pais tenham tido um casamento anormalmente perfeito, seu pai já terá visto bastante do que chamamos de "comportamento feminino". No mínimo, ele passou por um casamento – ou talvez mais de um. E, queira ou não admiti-lo, é provável que sua mãe tenha várias características em comum com sua noiva. Em outras palavras, seu pai pode dizer claramente o que fazer para aliviar qualquer situação complicada. Mas cuidado...

SEUS PAIS

PROTOCOLOS MATERNOS

1. Planejadora do Chá de Cozinha
2. Sua Protetora

PROTOCOLOS PATERNOS

3. O Conselheiro
4. O Soldado Experiente

- **O veterano marcado pela guerra.** Às vezes, o que parece um conselho pode ser apenas a soma inconsciente do que o seu pai gostaria de ter feito se tivesse tido coragem.
- **O homem sem ação.** Talvez seu pai seja o seu herói, mas também uma pessoa preguiçosa, que vê televisão e ignora a todos na casa para evitar confrontos. Além disso, diferenças de geração podem se tornar mais profundas quando o assunto é matrimônio, então é possível que o papel dele no seu casamento seja um mistério para ele. Eventualmente, ele não poderá ajudá-lo oferecendo mais que seu apoio moral. Nesse caso, você deve aproveitar o que puder e contar com seus padrinhos para as situações mais difíceis.

Seus Padrinhos

Escolher os homens que estarão ao seu lado no dia do casamento pode parecer fácil. Talvez, como dito anteriormente, você já saiba desde a infância que um deles (ou alguns) será(ão) seu(s) irmão(s) ou seus melhores amigos. No entanto, agora que chegou a hora de escolher, pode ser que seja preciso rever a decisão. Talvez uma dessas pessoas com quem gostaria de contar esteja sozinha, sem uma companheira fixa, o que dificultará sua inclusão no grupo. Nesse caso, o ideal é discutir a situação com sua noiva.

De qualquer modo, esses homens o ajudarão com certas funções durante o noivado e até ao longo do casamento, mas sua atribuição principal é (juntamente com as madrinhas, ou não) oferecer-lhes segurança e apoio ao longo do processo. Não se trata, portanto, de apenas vestirem o traje escolhido e comportarem-se

de acordo no grande dia, mas de estarem realmente presentes antes, durante e depois do matrimônio.

Características da Personalidade

- **Amigos de verdade.** Os padrinhos não são apenas aqueles em quem se pode confiar para planejar uma boa despedida de solteiro. Eles devem estar preparados para apoiá-lo ao longo do processo e com os quais possa falar sobre seus sentimentos – algo um pouco raro entre os homens. Se você não está acostumado a tal situação, não espere que os eleitos possam aprender na hora o que fazer. Em vez disso, assegure-se de que seus candidatos tragam as qualificações necessárias de antemão antes de oferecer a eles o posto.
- **Mensageiros eficientes.** Conforme o dia do casamento se aproxima, você ficará surpreso com a quantidade de tarefas a realizar. Nessas situações, talvez precise do apoio dos padrinhos para fazer tudo fluir. Assegure-se de que eles estejam preparados e à altura para ajudá-lo. Portanto, será vantajoso escolher pessoas que estejam disponíveis, inclusive geograficamente, embora isso seja menos importante na era da internet.
- **Os que conseguem manter a cabeça fria.** Quando estiver enlouquecendo, a última coisa que irá desejar é alguém jogando lenha na fogueira. Tente encontrar pessoas que tenham a capacidade de acalmá-lo em qualquer circunstância.
- **Os Aliados.** Apesar de querer padrinhos que possam ser bons conselheiros, o que você realmente precisa é de indivíduos que saibam quando opinar e simplesmente reformular o que você pensa, de modo que pareça um conselho.

SEUS PADRINHOS

PRINCIPAIS DIRETIVAS

1. O brinde após a cerimônia
2. O transporte das alianças
3. A decoração do veículo de fuga
4. A organização da despedida de solteiro
5. O apoio moral

■ **Boas pessoas.** Por todas essas razões, escolha padrinhos que sejam dignos, decentes e admiráveis como seres humanos.

Características de personalidade que devem ser evitadas

■ **Parceiros de bebedeira.** Se você tem menos de 25 anos, leia este parágrafo com atenção especial. O que parece uma amizade sólida agora pode não passar de apenas uma espécie de "parceria no crime". Certifique-se de que gosta dos seus padrinhos tanto quando estão sóbrios quanto bêbados, porque o casamento é uma experiência que certamente o fará "cair na real".

■ **Um Yin para seu Yang.** O que funciona na vida não necessariamente dará certo no noivado. O fato de você ser quieto e estudioso não significa que deverá convidar aquele seu amigo mais "baladeiro" para ser um de seus padrinhos, até porque ele pode não ter o mínimo interesse em assumir essa função secundária.

■ **Compromissos políticos.** Não deixe que ninguém o force a uma escolha. Assim como ocorreu na decisão de pedir sua noiva em casamento, somente você e ela poderão saber quais serão os padrinhos certos. Então, não permita que familiares e amigos tratem o assunto como uma vaga de emprego a ser preenchida.

■ **Alguém inoportuno.** Isso pode ser difícil de perceber em tempo. Basicamente, se você tem um amigo que o faz rir, mas costuma contar piadas à custa de outros, previna-se para não se tornar um dos "outros".

Potenciais padrinhos

■ **Seu irmão.** Se você e seu(s) irmão(s) são íntimos, ele(s) pode(m) ser uma excelente opção. Apenas tenha cuidado com rivalidades fraternas, ou outros episódios controversos, que possam se tornar obstáculos no seu noivado. Um casamento pode ser uma ótima oportunidade para fortalecer os laços entre vocês, mas seria uma péssima ocasião para descobrir como esses laços de fato são imaturos.

- **Familiares.** Convidar seus tios ou os tios dela para participar desse momento tão importante é uma boa ideia, mas essas pessoas devem ser importantes para o casal, e a decisão de chamá-los tem de ser sua e de sua noiva, não de outros.
- **Seus melhores amigos.** Apesar de ser uma escolha óbvia, tenha uma boa e cordial resposta preparada para quem pensar que devia ter sido escolhido, mas não foi.

Considerações Importantes

- **Consulte sempre sua futura esposa.** Todos os padrinhos deverão ser escolhidos pelo casal, portanto, ambos terão poder do veto.
- **Casais complicados.** Pense bem antes de convidar um casal que tenha se divorciado há pouco tempo ou que esteja propenso a fazê-lo. Isso poderá causar sérios problemas para você e sua noiva.
- **Tamanho importa.** Certifique-se de que você e sua noiva chegarão a um número adequado de casais, pois ele deverá ser igual em cada lado no altar. Lembre-se ainda de que também serão necessários padrinhos para o civil. A sugestão é escolher para essa função os padrinhos que sejam menos ligados a tradições regiliosas.
- **Dinheiro importa.** Se está planejando cobrir quaisquer gastos dos padrinhos e das madrinhas (viagens, roupas, acomodações etc.), leve isso em consideração antes de começar a convidar as pessoas.

Madrinhas

Veja a seguir alguns conselhos interessantes sobre as madrinhas.

Em primeiro lugar, não durma com nenhuma delas. Um deslize como esse não será visto com admiração por sua noiva nem por ninguém. Caso, entretanto, você o tenha feito no passado, não chame atenção para o fato. Mesmo que sua noiva saiba e aceite a situação, com o aumento de pressão causada pelo casamento, qualquer acontecimento supostamente esquecido poderá se tornar um sério fator de risco.

Em segundo lugar, use-as a seu favor. Assim como os padrinhos serão os seus ajudantes temporários, as madrinhas estarão apoiando sua noiva durante o evento. Se precisar de alguma informação sobre ela, mas não puder perguntar-lhe diretamente, peça ajuda a uma das madrinhas.

Organizadores de Casamentos

Providenciar suporte para a noiva, a sogra e outros parentes no planejamento do casamento, por meio da contratação dos serviços de um(a) profissional da área, tem se tornado cada vez mais comum. Bons organizadores de casamentos transformarão a cerimônia no evento dos sonhos de sua noiva, o que irá deixá-la mais à vontade para desfrutar o noivado. Eles seguirão as instruções dela e cuidarão dos pequenos detalhes, oferecendo direcionamento e conselhos sempre que necessário. Ah, e claro, cobrarão caríssimo por seus serviços.

Você terá pouco a fazer caso um profissional esteja executando um bom trabalho, a não ser prestar atenção a suas pistas sobre quando oferecer apoio moral e opiniões.

Características de um(a) profissional eficaz

- **O/A profissional faz várias perguntas.** Tal interesse indica que o(a) organizador(a) está tentando entender os desejos do casal – e não apenas aplicando um padrão ao seu evento.
- **O/A organizador/a respeita seus desejos.** Se você esclareceu que quer uma banda sertaneja no seu casamento, o(a) profissional não deve tentar persuadi-lo a experimentar jazz, samba ou música clássica.
- **O/A organizador/a conhece e respeita seu orçamento.** Ele(ela) deve perguntar logo quanto você pretende gastar e determinar se pode trabalhar no seu evento. Custos não esperados certamente surgirão ao longo do caminho, mas um(a) bom(boa) profissional não o pressionará a considerar a inclusão de dezenas de itens adicionais caros.
- **O/A profissional não ficará incomodado com um eventual ataque de nervos.** Poucas pessoas viram tantos extremos do comportamento humano quanto planejadores profissionais de casamentos; essas pessoas são pagas para resolver os seus problemas. Então, se sua noiva cair aos prantos durante uma discussão sobre os arranjos de flores, o/a organizador/a deve ser capaz de consolá-la e explicar que essa reação é normal durante o processo.

Um/a mau/má profissional não fará o trabalho corretamente, cobrará honorários exorbitantes ou tentará impor suas próprias expectativas. Dependendo da disposição, sua noiva estará mais sujeita a

manipulações durante o noivado do que em condições normais; algo que pareça absurdo para você poderá soar como óbvio para ela. Se isso acontecer, é provável que tenha de intervir. Observe estes sinais de um mau planejamento:

Características de um(a) profissional ineficaz

- **Sua noiva se sente sobrecarregada com tudo o que o/a organizador/a pede – incluindo tarefas simples, como ligar para salões de festa para confirmar a disponibilidade.** Organizadores(as) de casamentos devem aliviar o estresse cuidando até mesmo de tarefas bem simples.
- **O casamento dos sonhos da sua noiva está sendo lentamente suplantado pelo tipo de casamento que o/a organizador/a deseja promover.** Existem planejadores(as) extremamente egocêntricos, e não conseguem considerar nada além da própria agenda de eventos. Se perceber que ele(ela) está assumindo o controle de maneira indesejada, certifique-se de que sua noiva também o percebeu.
- **Sua noiva talvez discuta com o/a organizador/a sobre grandes e pequenos detalhes.** Em alguns casos, a busca da sua noiva pela perfeição estará por trás dessas discussões. Contudo, fique atento para se certificar de que a parte combativa e exigente não é a do(da) planejador(a).
- **Os custos do casamento sobem graças a mudanças de local e de fornecedores sugeridas pelo/a profissional.** Se o(a) organizador(a) afirma ter condições especiais, certifique-se de que é verdade e que não está sendo enganado por um conspirador.
- **Seu/sua organizador/a é abertamente arrogante e combativo/a com respeito à própria visão e capacidade de planejamento.** Lembre-se de que ele(ela) é um(uma) organizador(a) de eventos, e não um gênio

incompreendido, então não permita que aja como tal. Se a situação complicar, não hesite em despedir o(a) profissional, mesmo que isso signifique que o evento todo precise ser replanejado de maneira simplificada (e menos cara).

O Celebrante

O celebrante fará a sua cerimônia oficial. Ele será o responsável por perguntar se você aceita sua noiva, se ela o aceita e por declará-los unidos até que a morte os separe. Essa pessoa pode ser um padre, um rabino, um pároco ou outra figura religiosa do seu templo preferido; seu ministro ou juiz de paz favorito; ou alguém que encontrou na lista telefônica ao chegar ao seu hotel. Seja quem for, essa decisão não deve depender apenas da qualificação para oficiar casamentos. Então, procure escolhê-lo com sabedoria.

Celebrantes Religiosos

Para a maioria dos casais de noivos, o celebrante será uma figura religiosa. Se sua noiva tiver alguém especial de sua infância ou do seu templo habitual, a decisão será fácil. Caso contrário, mantenha alguns fatores em mente:

- **Você está de bem com Deus?** Um casamento não é uma missa de domingo. Os responsáveis pelo templo podem e irão negar o pedido de celebrar sua cerimônia caso entendam que você não preenche os requisitos para selar a união. Esses requerimentos podem ser tão simples como fazer parte da congregação (importante se estiver planejando o casamento em uma igreja distante), ou tão detalhados quanto seu

A ORGANIZADORA DO CASAMENTO

PRINCIPAIS DIRETRIZES

1. Analisar as necessidades nupciais
2. Integrar fornecedores
3. Gerenciar problemas entre o casal
4. Gerenciar possíveis desastres

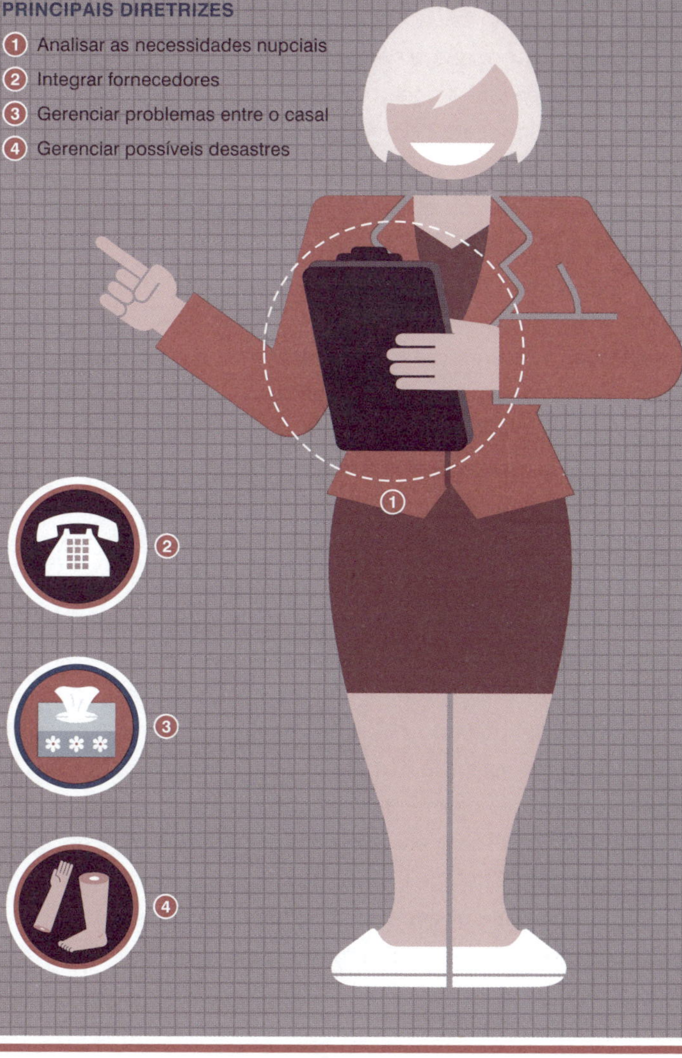

histórico sexual. Caso esteja lidando com um celebrante pela primeira vez, prepare-se para o que poderá se transformar em um interrogatório surpreendentemente investigativo.

- **Você é tradicionalista?** Na maioria das grandes religiões, as tradições cerimoniais que culminam no casamento têm centenas, e até mesmo milhares, de anos de existência e, de modo geral, não estão abertas à reinvenção. Na fé cristã, as cerimônias envolvem algum tipo de sacramento e a leitura, usualmente, da Bíblia. Na fé judaica, você deverá levantar o véu da face da sua noiva antes de ler a Ketubá (o contrato de matrimônio), e fazer o juramento sob a chupá (a tenda de casamento). Outras confissões têm suas próprias tradições inalteráveis. Então, se você sempre quis fazer uma serenata para a sua amada com aquela canção que escreveu nos tempos do colégio ou se planeja algum tipo de discurso romântico durante a celebração, confirme com os responsáveis de sua igreja antes de começar.
- ***Mi casa* não é *su casa*.** E se pensou que poderia se safar das tradições por se casar na praia, e não no altar, reconsidere suas ideias. Você poderá até tirar o padre de dentro da casa de Deus, mas não será capaz de tirar a casa de Deus de dentro do padre.
- **Existe religião *light*.** Não se preocupe muito se preferir uma religião que ofereça uma cerimônia mais simples e sem tantas tradições ou exigências. É possível encontrar congregações de mente aberta, que ainda tenham um toque religioso, mas cujas regras sejam mais brandas a respeito de juramentos, leituras, sacrifícios, rituais etc. Você apenas terá de procurar um pouco melhor e estar disposto a

realizar a cerimônia em locais alternativos. Mas converse com sua noiva antes de se comprometer.

Celebrantes Oficiais

No Brasil, um magistrado chamado juiz de paz é responsável por solenizar os casamentos. A cerimônia no civil é rápida, mas você poderá contar com o bônus romântico em uma saleta no fórum, separada por biombos. Entretanto, alguns juízes de paz promovem casamentos mais tradicionais, desconsiderando o fator religioso. Se você e sua noiva pretendem excluir a religião totalmente da cerimônia, poderão considerar unir-se apenas pelo casamento civil.

Oficial por Um Dia

Dependendo de onde você pretende se casar, talvez encontre o celebrante certo na própria família ou no círculo de amizades. Alguns países permitem que pessoas sem experiência profissional celebrem casamentos oficialmente reconhecidos. Um amigo ou membro da família como seu celebrante pode transformar seu casamento em algo especial e único, porém:

- **Certifique-se de que é legal.** Depois da pompa e circunstância da cerimônia do casamento, não há desapontamento maior do que ter de ir à dita saleta do juiz de paz para oficializá-lo somente porque seu amigo não leu as letras miúdas contidas na "certidão". Deixe tudo perfeitamente ajustado antes do grande dia.

- **Essa pessoa sabe entusiasmar a plateia?** Talvez deseje que o celebrante da cerimônia seja alguém que significa muito para você e sua noiva. O problema é que essa pessoa pode se inibir ao falar em público. Seu casamento provavelmente será um evento bastante público e de alta pressão, portanto aprecie a ideia de ter um mestre de cerimônias. Caso tenha um amigo perfeito para o papel, que provavelmente será um tremendo sucesso, certifique-se de que ele saiba que se trata do seu casamento, e não de uma noite de karaokê.
- **Pratique bastante.** Será difícil prever a performance de seu amigo-celebrante sob pressão. Para manter o controle da situação e evitar surpresas, ensaie a cerimônia várias vezes antes do grande dia. Assim, seu celebrante terá uma boa ideia do que o espera e você e sua noiva saberão o que ele fará.

SELECIONANDO UM CELEBRANTE

Consulte seu provedor de serviço espiritual, mas renda-se ao de sua noiva, se possível.

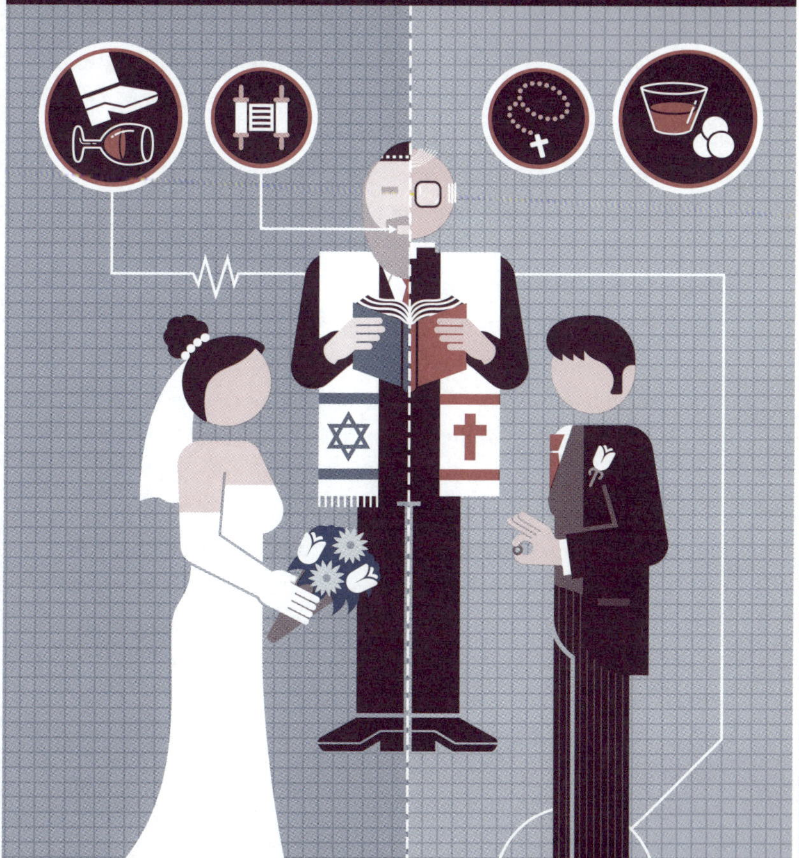

Imprevistos

Todo casamento tem suas regras, e essencialmente todas as pessoas têm comportamento imprevisível. Não se alarme. Quando amigos e familiares de dois ambientes diferentes se reúnem, é normal que isso aconteça. Você será capaz de deter alguns; com outros, terá de se contentar em contê-los.

Parentes que Bebem Demais

Oferecer álcool grátis a pessoas que não sabem beber não é uma grande ideia – mas acontece em todo casamento. Na maioria dos casos, você terá apenas de lidar com histórias de amigos incrédulos e/ou fazendo chacota à custa do ridículo número de dança apresentado por algum primo, por exemplo. De fato, um dos pontos mais emocionantes de ser o anfitrião de uma grande festa é poder falar com outros sobre os flertes inesperados, os foras e os embaraços que ocorreram enquanto você encontrava e saudava outros convidados.

Contudo, se tiver razões para acreditar que um deles ultrapassará os limites de uma vergonha moderada, aja por meio de parentes ou amigos para prevenir a situação. Na maioria das circunstâncias, essa tarefa será muito mais fácil com amigos do que com membros da família, porque você pode excluir um amigo embaraçoso da lista de convidados. No caso de um familiar, uma decisão como essa poderá ter repercussões mais graves. Contudo, você terá uma oportunidade para tomar uma decisão e se preocupar com as consequências mais tarde – afinal, é o seu casamento, e você não irá colocá-lo em risco só porque aquela pessoa que não sabe se comportar se ofenderá se não receber um convite. Muitos dirão que não se pode fazer isso com um membro da família, mas lembre-se de que ele também não tem o direito de desrespeitá-lo em seu próprio casamento.

Ex-namoradas e Ex-namorados

Quase todos nós os temos, e alguns de nós até mantêm uma amizade com eles(as). Entretanto, se você ou sua noiva planeja convidar algum(a) ex ou "exes", não se surpreenda se um(a) deles(as) tentar roubar um beijo ou uma dança. Veja bem, o amor está no ar, e considerando que você parecerá o James Bond e a sua noiva estará muito atraente, é provável que antigos sentimentos aflorem nos "exes". Adicione bebidas grátis, e *voilá*!

Crianças Não Supervisionadas

Nós amamos crianças em casamentos. É sério, amamos mesmo. Elas sempre recebem um "ohhh" quando passeiam pelo corredor, jogando pétalas de flores. Infelizmente, algumas delas têm problemas em acatar orientações. Então, enquanto sua noiva está planejando que sua sobrinha traga as alianças pelo corredor em uma almofada de seda, faça seus próprios planos para garantir que haja alguém supervisionando a garota. Assim, os anéis não acabarão enfiados em uma narina muito pequena.

Avós Não Supervisionados

Também amamos avós em casamentos. Apenas não se esqueça de que eles tendem a se mover vagarosamente. Então, quando estiver planejando a logística, pense se eles estarão presentes. Caso a resposta seja afirmativa, avalie o que precisará ser modificado para que eles possam aproveitar a festa como todos os outros.

Penetras

Existe toda uma lógica para se fazer uma lista de convidados. Entretanto, inevitavelmente, sempre terá de lidar com pessoas que não se importam em confirmar a presença e outras que não

comunicam que trarão seus próprios convidados. No dia do casamento, sua atitude pública deverá ser a mesma utilizada nas festas da época da faculdade em sua casa: quanto mais gente, mais alegria. Contudo, faça o que estiver ao seu alcance antes do evento para que fique claro aos seus amigos (os homens são os que precisarão de orientações mais claras a esse respeito) se o seu convite os habilita a levar acompanhantes.

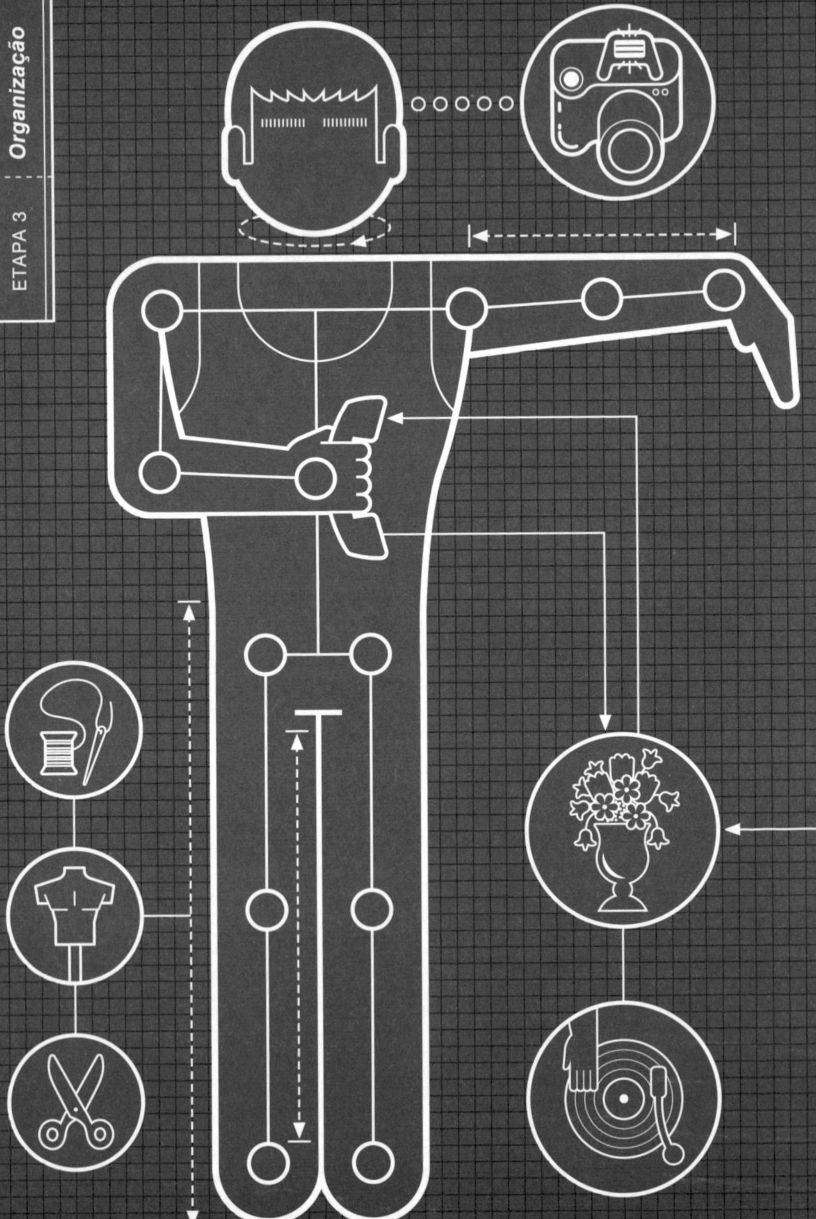

[Capítulo 3]

O Noivado

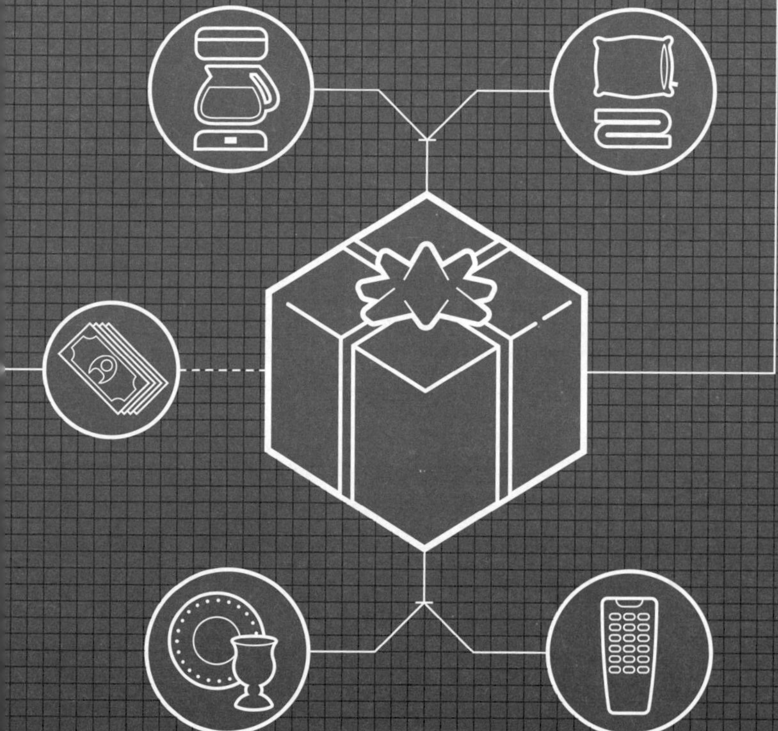

Parabéns! Você chegou a este ponto do planejamento do seu casamento sem que precisássemos fazer analogias desnecessárias com os esportes – até o momento. A leitura do capítulo anterior deve ter sido um pouco como "assistir ao VT do último jogo" – agora você já conhece os jogadores que encontrará no campo. Contudo, o noivado não é, como pode estar pensando, "a final do campeonato". Ele é mais como o treino diário, que o deixará energizado em alguns dias e tão acabado em outros que desejará amarrar bolsas de gelo nas panturrilhas para amenizar o inchaço. Agora entre em campo e jogue bola!

A Lista de Convidados

Fazer uma lista de convidados para o casamento deveria ser tarefa fácil: você e sua noiva sentam-se juntos com suas respectivas listas de contatos, determinam quantas pessoas poderão ir à cerimônia, escolhem quais pessoas têm prioridade, informam os pais sobre sua decisão e, então, festejam com amendoins e cerveja.

Na realidade, a lista de convidados é a tarefa logística que demanda os esforços da noiva e do noivo, de ambas as mães e, eventualmente, dos dois pais também. No entanto, como diplomatas em duelo, incertos do que o outro trará para a mesa de negociação, é provável que seus pais nunca estejam na sala durante essas discussões. Você e sua noiva farão o papel de representantes de cada família. É isso mesmo, você será um procurador no seu próprio casamento, passando informações, sem, contudo, revelar demais, enquanto tenta convencer a si mesmo de que o casamento ainda é seu. Para facilitar esse processo, lembre-se do seguinte:

Cerimônia ≠ Festa

Via de regra, a cerimônia e a festa de casamento são dois eventos separados. Pode ser que aconteçam no mesmo lugar, e é quase certo que a festa seja logo na sequência da cerimônia, mas não necessariamente todos os seus convidados participarão dos dois. Converse com sua noiva sobre as questões relacionadas à capacidade física do local da festa, pois os seus principais convidados certamente participarão do evento – a não ser que você tenha optado por algo muito intimista que inclua somente o círculo familiar imediato.

Faça um Orçamento e um Plano, e Respeite Ambos

Há um termo ao qual deverá se acostumar no decorrer dos próximos meses: custo por pessoa. Isso se traduz, aproximadamente, como o valor médio de todos os gastos relacionados ao casamento – comida, bebidas, local etc. – por convidado. Mesmo que você queira manter o casamento o mais pessoal e divertido possível, é preciso relacionar um valor em reais por cada um que passar pela porta. O custo por pessoa pode motivá-lo o suficiente para destrinchar sua lista de convidados como um peru de Natal.

Queremos encorajá-lo a se lembrar deste conselho fantástico que uma sogra certa vez compartilhou conosco: o importante nos casamentos não é quantos amigos estarão presentes, mas de quanta comida e bebida eles poderão desfrutar na festa. Em outras palavras, alguns poucos convidados bem servidos tornam uma festa bem melhor que muitos que estejam famintos e sóbrios.

Conheça Sua Posição

Ajudar com a lista de convidados será praticamente sua primeira contribuição substancial na organização do casamento. Portanto, você terá a oportunidade de estabelecer o quanto pretende se envolver. Caso não se importe muito, apenas entregue a sua lista e a dos seus pais à sua noiva e deixe que ela cuide do assunto. Se sua opinião sobre a lista de convidados for forte, você terá de defendê-la. Contudo...

Ao Defender Sua Opinião, Saiba Onde Está Pisando

Pode ser que aquele convidado pelo qual você está disposto a lutar não seja de fato um amigo tão próximo ou, talvez, sua noiva tenha mesmo razões legítimas para não querer essa pessoa na festa. O mesmo pode valer para ela, é claro.

Vocês Não São Seus Pais

Lembre-se: você está fazendo uma lista de pessoas que deseja que estejam presentes em seu casamento. As opiniões dos seus respectivos pais terão um peso maior – porém inconsciente – sobre a lista de convidados que em qualquer outra parte do casamento. Entretanto, o dia continua sendo seu e de sua noiva, então reúnam forças e não deixem que se esqueçam disso.

Deixe os Inconvenientes Fora Disso

Pelo menos uma vez na sua vida você terá de bancar o leão de chácara de um evento. Talvez não tenha poder de decisão acerca de todos que estarão lá, mas poderá ser bastante enfático sobre quem não estará. Se alguém o estiver pressionando para conseguir um convite, mas você não o tiver considerado na lista, confie nos seus instintos. Pode ser que isso cause algum ressentimento, mas, se você não quiser tal pessoa no seu casamento, não precisa convidá-la.

Os Convidados

Agora que já sabe como escolher, aprenda a classificar os seus escolhidos.

Os obrigatórios: Esses são os convidados mais importantes, tipicamente membros da família e amigos íntimos. Você deve saber quem são eles – por exemplo, um colega da faculdade pode não ser obrigatório por si só, mas um colega da faculdade que, além disso, é um grande amigo, sim. Quanto à família, se a sua for grande, é melhor errar para mais que para menos.

Os convidados dos pais: Seus pais e sogros provavelmente terão suas próprias listas de "obrigatórios". Com um pouco de sorte, elas estarão limitadas a pessoas que já se encontram na sua própria lista. Mas não confie demais nisso. Se a sua mãe tende a contar para todo mundo que há um casamento chegando e que o filho dela será a atração principal, pode ser que você tenha de obrigá-la a fazer algumas escolhas difíceis.

Dependendo da proximidade que você tem com seus pais, tanto em termos emocionais quanto geográficos, a lista deles pode incluir amigos e vizinhos que, apesar de nunca o terem visto, o conhecem muito bem graças às histórias que seus pais lhes contaram a seu respeito. Outra possibilidade é a lista incluir pessoas que você não vê desde criança. Seus pais podem considerá-los convidados obrigatórios, mas, se você estiver no limite do seu orçamento, elas definitivamente não o serão. É claro que, se os pais da sua noiva estiverem pagando a conta, esse ponto pode ser difícil de negociar; sugerimos que vocês dois encontrem uma saída que pareça justa para ambas as famílias.

Os "opcionais": Se depois de esclarecida a questão dos obrigatórios e dos convidados dos pais você ainda não estiver falido, siga em frente e convide as pessoas das quais realmente gosta, mas cuja presença não considera obrigatória.

Os "permitidos": Preencher os últimos 25% da lista é como eleger uma banca de jurados. Leve em conta as considerações e classificações feitas anteriormente e, então, negocie com sua noiva e/ou com a família. Você pode até mesmo estipular um limite de vetos para cada lado a fim de conseguir terminar a lista antes do casamento começar e acabar.

Os "completa-enxoval": Como todo homem, você pensa de forma lógica e prática, e pode achar estranho convidar pessoas que, muito provavelmente, não virão ao seu casamento. Entretanto, há duas boas razões para fazê-lo mesmo assim. Em primeiro lugar, esse indivíduo certamente apreciará o gesto – todo mundo gosta de ser convidado. Em segundo, talvez ele demonstre gratidão comprando algum item da sua lista de presentes. Isso parece frio e calculista? Claro que é. Mas nós nunca dissemos que planejar um casamento se baseia apenas em sensibilidade e altruísmo.

Ative o Lado Esquerdo do Seu Cérebro

Para aqueles com predominância de ações ditadas pelo lado esquerdo do cérebro, fazer a lista de convidados de um casamento é a oportunidade perfeita para provar sua destreza em pensamento lógico. Crie um sistema de organização com cartões e agrupe seus convidados em várias categorias-chave: "obrigatórios", convidados dos pais, opcionais, compromissos e "completa-enxovais". Em seguida, aplique avaliações com base em parentesco, conexão emocional, fator de diversão e potencial de presentear, e veja como fica sua lista. Avaliar seus amigos e parentes dessa maneira pode se transformar em uma experiência esclarecedora – mas não se surpreenda se as opiniões de sua noiva contrastarem fortemente com as suas.

As Consequências

Uma vez que sua lista estiver feita e os convites tenham sido enviados, você descobrirá que certamente se esqueceu de alguém e/ou se equivocou na avaliação dos convidados. Isso é normal, pois é difícil acertar em algo com tantas variáveis na primeira tentativa. Apenas tenha convites suficientes e espaço no orçamento para poder remediar os erros se eles acontecerem.

Sua Lista de Convidados

Faça fotocópias desta ficha e complete uma para cad
depois por seu status de "★". Use essas classificaçõe

INFO DO CONVIDADO

Sr. ○ Sra. ○ Srta. ○ ___ ○

CONVIDADO DO/DA ○ ○

Parentesco	☆☆☆☆☆
Conexão emocional	☆☆☆☆☆
Fator diversão	☆☆☆☆☆
Potencial p/presentear	☆☆☆☆☆
STATUS TOTAL ★ (0–20)	

COLE UMA FOTO AQUI

Observações:

Ⓐ OBRIGATÓRIO | Ⓑ DOS PAIS | Ⓒ OPCIONAL | Ⓓ COMPLETA-ENXOVAL

▲
Dobre ao longo desta linha

potencial convidado. Primeiro, disponha-as entre as categorias A até D, para determinar quem será ou não convidado.

A Distribuição de Lugares

Caso planeje servir alguma refeição que torne necessário o uso de mesas, será melhor pensar antes onde seus convidados irão se sentar. Sua noiva gostará dessa tarefa, pois será a oportunidade ideal para bancar a casamenteira – finalmente, a sua prima tímida do interior poderá encontrar seu velho colega da faculdade, o empresário da área de tecnologia. Deixe-a se divertir, mas tente manter as seguintes preocupações em mente:

Coloque os Convidados Principais Juntos

Todos os padrinhos e madrinhas, os familiares mais próximos e outros envolvidos imediatos devem receber lugares preferenciais na melhor parte do salão (ou na mesa dos noivos, se for grande o suficiente).

Seus Amigos Separados dos Dela

É natural pensar em casamentos como momentos oportunos para unir o seu "mundo" ao de sua noiva – e, de muitas maneiras, é para isso mesmo que eles servem. Porém, isso não significa que deve forçar seus convidados a se sentar à mesa com um grupo de estranhos. Organize todos os colegas da faculdade dela na mesma mesa – eles provavelmente não se veem há anos

e ficarão encantados. Da mesma maneira, coloque todos os seus colegas de trabalho juntos, isso renderá boas histórias na hora do café na segunda-feira de manhã. Se algum dos seus amigos quiser tomar a iniciativa de conhecer pessoas novas, poderão perfeitamente fazê-lo por conta própria.

Não Despreze a Mesa dos Solteiros

A mesa dos solteiros é muito desprezada na cultura popular – o que seria pior que chegar sozinho a um evento que celebra a união? Contudo, quem faz essa pergunta certamente nunca experimentou a emoção e de conhecer alguém especial em uma festa de casamento. Não disponha seus convidados solteiros em mesas repletas de casais ou, pior, que acabaram de se tornar pais. Em vez disso, coloque-os juntos em uma mesa com os outros solteiros e poderá ver as faíscas no ar.

Seu Casamento não é uma Conferência Pacifista das Nações Unidas

Talvez haja duas pessoas, ou ramificações de sua família, que simplesmente não se deem bem ou que tenham passado anos sem se falar. Se tiver de convidar ambas as partes para o casamento, resista à tentação de bancar o grande conciliador. Coloque-os em lados opostos do salão; eles farão as pazes se quiserem.

DISTRIBUIÇÃO DE LUGARES: Organize seus convidados seguindo esta classificação.

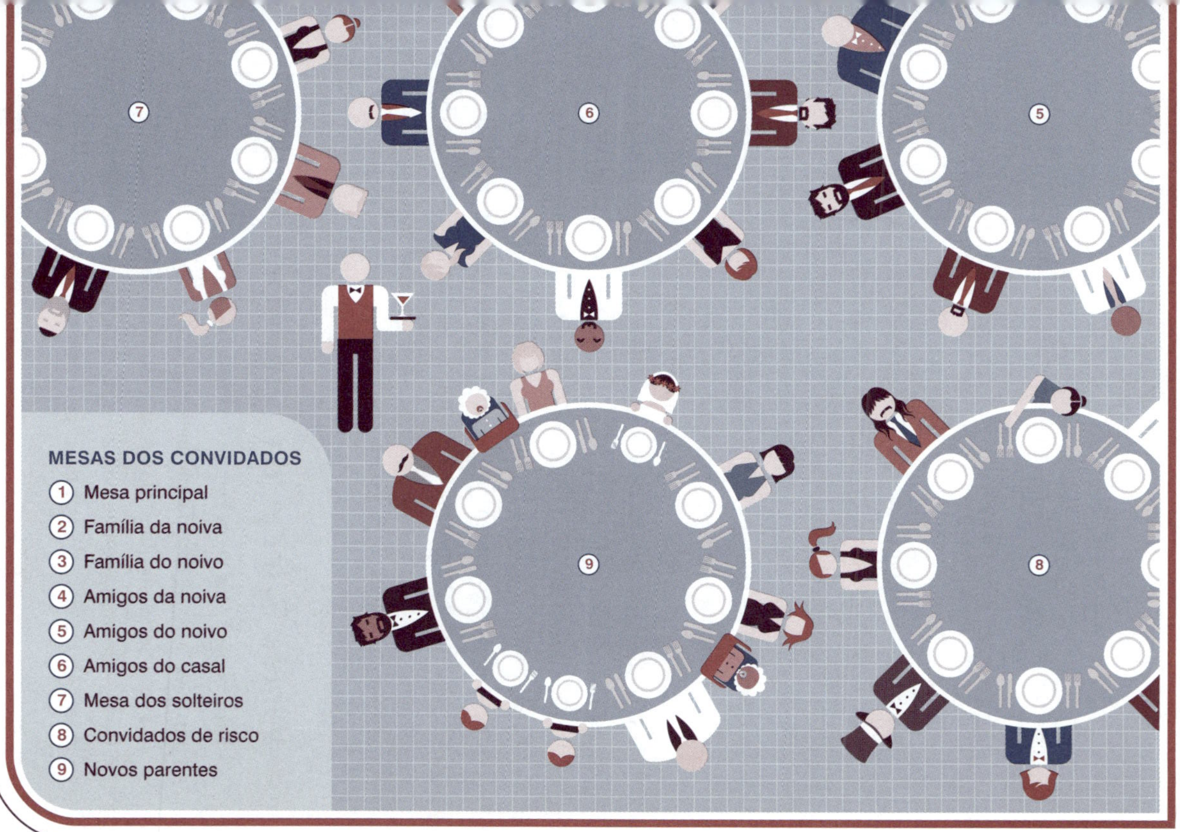
MESAS DOS CONVIDADOS
1 Mesa principal
2 Família da noiva
3 Família do noivo
4 Amigos da noiva
5 Amigos do noivo
6 Amigos do casal
7 Mesa dos solteiros
8 Convidados de risco
9 Novos parentes
7
6
5
9
8

Seu Uniforme e os Acessórios Necessários

Talvez você já tenha ouvido alguma história sobre futuras noivas que se postam diante de uma loja de vestidos à espera da abertura para serem as primeiras a entrar e a escolher o traje perfeito. Esse é apenas mais um exemplo de como as mulheres adotam medidas desesperadas e até inconsequentes para garantir que seu casamento seja inesquecível.

Claro que muitos noivos também se preocupam bastante com o visual no dia do seu casamento. Recomendamos a eles que se lembrem deste axioma atemporal: ninguém estará notando você, porque todos estarão olhando para a noiva. Você é apenas um coadjuvante, com sua fala de uma linha – "Sim" – que, em seguida, volta a se mesclar ao cenário. Mas nada o impede de ser o cenário mais bem-vestido de todos os tempos. Apenas não se engane pensando que alguém, além da sua mãe, o notará por mais de alguns segundos.

Vamos Brincar de "Produzir o Visual"!

Essa experiência pode ser tão antimasculina que você desejará entrar em estado de hibernação permanente – ou, por outro lado, permitirá que realize aquela sua fantasia secreta de ter o estilo de vida do James Bond, que vem reprimindo há anos. Esperemos que seja o segundo caso. Aqui estão algumas dicas para mantê-lo informado.

Seja complementar. É claro que você deseja estar fantástico, mas não tão exagerado a ponto de roubar a cena da noiva. Um fraque pode ser uma boa opção, desde que você e sua noiva concordem que seja adequado. Se não, talvez seja melhor guardá-lo para o seu projeto de montar uma banda de jazz.

Pergunte à futura esposa. É muito provável que sua noiva já tenha definido exatamente o que você irá vestir. Nesse caso, esqueça as preocupações e aguarde instruções. De qualquer modo, não escolha nada sem antes consultá-la, a não ser que ainda tenha dúvidas se quer mesmo se casar, ou não.

Pense no álbum de fotografias. Você tenderá (e qualquer serviço de aluguel de roupas festivas tentará convencê-lo) a seguir algum atual modismo em relação às roupas formais. Pode ser que opte pelo mais novo estilo se realmente achar que é o mais bonito, mas tome a sua decisão pensando também no futuro. Talvez você ache que uma gravata florida em tecido brocado fique ótima com sua roupa de casamento, porém, seus filhos provavelmente o acharão ridículo daqui a vinte anos.

Considere o meio ambiente. Se está planejando seu casamento no verão do Nordeste do Brasil, um terno e uma gravata poderão levá-lo desidratado ao pronto-socorro. Isso não importa muito para a sua noiva, porque ela terá mais opções para ajustar seu vestuário ao clima e ao ambiente. Além disso, mesmo que ela pareça sempre reclamar do calor ou do frio, as mulheres em geral são mais versadas no assunto moda que os homens. Você terá menos opções e definitivamente deverá levar todas elas em consideração, além de se preparar para argumentar caso sua noiva se mostre insensata em relação ao seu "uniforme" – apenas nunca lhe diga que ela está sendo insensata.

Pense no orçamento de cada um. Na maioria dos casos, espera-se que seus padrinhos paguem por seus próprios trajes. Muitos comprariam sem pensar duas vezes uma roupa que custa centenas de reais, mas outros talvez tenham um orçamento limitado. Seja atencioso e não se esqueça de que é possível que seus padrinhos já tenham de gastar um bom dinheiro apenas para chegar até o seu casamento – e eles não terminam a noite presenteados com pilhas de dinheiro e eletrodomésticos.

Compare os preços. Uma das vantagens de se casar de *smoking* é que você e seus padrinhos poderão simplesmente alugar a indumentária em vez de comprá-la. Se você não tem um alfaiate e/ou fornecedor de trajes para cerimônias desse tipo, pesquise e compare os preços. E não deixe isso para a sua esposa. Ela tem o suficiente a fazer e apreciará muito se você mesmo cuidar do assunto – depois de ela ter aprovado a escolha do estilo, é claro.

Qualidade importa. Você não ganhará pontos por encontrar o melhor preço se o seu terno parecer ter sido usado por um peão de rodeio. Economize dinheiro quando e onde puder, mas não pense que todos os ternos alugados são iguais. Preste muita atenção a punhos e colarinhos desgastados, costuras desfeitas, manchas e sapatos arranhados.

Conheça o seu alfaiate. No geral, ajustar o seu terno ou vestimenta de núpcias será muito mais fácil em comparação à experiência pela qual sua noiva passará. Você simplesmente irá até o serviço de aluguel de ternos, ou à loja de vestimentas, e deixará que tirem as suas medidas. Ou então, tirará o seu terno do armário e comprovará se ele ainda está servindo. Entretanto, o que quer que decida, faça-o em tempo. Alfaiates podem levar dias, semanas ou, em casos extremos, meses para deixar um terno pronto. Não deixe para a última hora – planeje ter a sua roupa em mãos de três a seis semanas antes do dia do casamento. E certifique-se de que seu pai, o de sua noiva e os padrinhos façam o mesmo.

Um Guia para Ternos

Aqui temos um guia conciso com as quatro opções mais populares para o noivo atual.

O Traje Pinguim

Certamente, a opção mais popular em trajes de casamento é o famoso *black tie* – chamado de *smoking* no Brasil. Hoje em dia, este é o cúmulo do formalismo em casamentos. O *black tie* consiste em:

- casaco preto, trespassado ou não, geralmente limitado a um ou dois botões, que deve(m) ser fechado(s), a não ser que você queira parecer um relaxado sem estilo;
- calças pretas, combinando com o casaco, muitas vezes com uma listra negra nas costuras laterais externas de ambas as pernas;
- gravata borboleta ou similar;
- camisa branca lisa ou com detalhes. Neste caso, ela poderá ostentar babados ou, mais frequentemente, apresentar pregas frontais verticais;
- uma faixa larga de seda na cintura ou um colete;
- sapatos pretos de couro.

A partir desses itens básicos, é possível variar de acordo com as ofertas do seu alfaiate ou serviço local de aluguel de ternos. Você poderá, por exemplo, optar por calças e casaco brancos ou em tons de cinza. Nas mangas serão usadas as próprias abotoaduras, e na gravata, um belo alfinete decorativo. Uma opção é usar uma gravata larga com nó estilo Windsor ou um cachecol macio, como um *playboy* latino; outra ideia é utilizar uma gravata borboleta de pregas, com o colete combinando. Há quem opte pelo uso de casaca e cartola, mas apenas lembre-se de que você é somente um "coadjuvante" da noiva. Sendo assim, sua vestimenta deverá sempre complementar e jamais ofuscar a dela.

O Terno Social

O dia do seu casamento não é igual a qualquer outro, então é provável que você não queira aparecer com o traje de negócios padrão. Mas se o orçamento estiver limitado (ou você não quiser se vestir como um mordomo), um terno de cor azul ou cinza--chumbo pode ser uma ótima alternativa.

A gravata é tudo. Às vezes, tudo de que você precisa para transformar seu terno de trabalho em um uniforme de noivo é uma boa gravata. Esse acessório provavelmente terá a cor do tema do casamento, combinando com os vestidos das madrinhas (caso todas concordem em usar uma única cor) e, possivelmente, com as flores e outros elementos da decoração. Caso você não conheça a cor temática da festa, pergunte à sua noiva, pois ela certamente saberá. E mantenha a mente aberta. Uma gravata na cor violeta pode parecer absurda em sua mente masculina, mas, no contexto de um casamento, ceder a um ou outro toque feminino poderá até torná-lo ainda mais másculo. Lembre-se também de que se os seus padrinhos também vestirem ternos, seria interessante que você providenciasse gravatas para eles. Além de ser um gesto amigável, é uma maneira de evitar traumas de última hora caso algum dos deles seja, digamos... desatento.

Coloque a qualidade acima da economia. Caso você e seus padrinhos são estejam acostumados a usar ternos, talvez consiga vestir todo mundo a caráter sem ter de comprar mais que as gravatas. Ternos não trespassados geralmente se parecem o suficiente uns com os outros, e as cores (azul-marinho, cinza-claro, cinza-chumbo) também são similares o bastante, de modo que bastará dizer aos seus padrinhos o que deverão vestir. Entretanto, nunca creia plenamente que todos terão fácil acesso ao que precisam ou a capacidade para definir o que é azul-marinho. Faça o possível para confirmar que os trajes sejam realmente similares o suficiente para comunicar um padrão – você não ficará feliz em descobrir um homem destoando dos outros quando seus padrinhos estiverem no altar.

Fazendo um bom negócio. Vendedores de ternos, assim como de carros, frequentemente trabalham com uma margem de preços. Talvez não seja algo perceptível ao comprar somente um terno, mas observe a reação do vendedor (seus olhos e a linguagem corporal) quando lhe disser que vai comprar quatro, seis ou até mesmo dez de uma vez. Se você for hábil, conseguirá adquirir belos ternos para si

GUIA DOS TERNOS: Ao se vestir para o casamento, o noivo

(Fig. B)
TRAJE MILITAR

(Fig. C)
TRAJE TEMÁTICO

contemporâneo tem grande variedade de opções disponíveis.

mesmo, seu pai, o pai dela e seus padrinhos muitas vezes por um preço mais baixo do que se fossem alugados – e eles poderão ser usados em outros eventos além do casamento.

Acessórios de couro. Se forem vestir ternos, diga aos seus padrinhos quais acessórios e cores serão aceitos – em geral, eles terão de usar cintos e sapatos combinados, em preto ou marrom-escuro.

O Traje Militar

Esta variação carrega a mesma bagagem social que o traje a rigor tradicional, especialmente porque a vestimenta militar é bem elegante e, no âmbito dos casamentos, diferente. Caso você seja um oficial militar, provavelmente já terá decidido o que irá vestir e saberá do que precisa. Se não for militar, mas quiser se vestir como um, sugerimos que entre em contato com lojas de fantasias em vez de serviços de aluguel de ternos e se divirta como em uma festa à fantasia.

Trajes Temáticos

No reino dos casamentos temáticos, a palavra "traje" pode não se referir ao que se imagina como traje social ou cerimonial, mas simplesmente a roupas que estejam de acordo com o ambiente. Talvez você se case na praia, todo vestido em linho, ou o casal opte por celebrar a união em seus uniformes da "federação", com o salão decorado como o interior da nave estelar Enterprise. As possibilidades são muitas

para entrarmos em detalhes, mas as regras gerais mencionadas para os ternos sociais também se aplicam aqui: (1) Pesquise preços e alugue ou compre em quantidade; (2) Não deixe pais e padrinhos na mão; (3) Sempre leve o seu orçamento e o ambiente em consideração. Ah, e o mais importante: (4) Planeje em tempo hábil.

Contratando a Banda (ou Outro Entretenimento)

Ao contrário do que Adam Sandler possa nos ter ensinado no filme *Afinado no amor* sobre a escolha de uma banda para a festa de casamento – ou, talvez, por causa do que ele nos ensinou –, a opção de entretenimento para o evento deve ser levada muito a sério. Aqui você encontrará algumas diretrizes a respeito:

Acompanhe o estilo da cerimônia. Em se tratando de um casamento formal, uma boa combinação seria uma banda de jazz, swing ou mesmo música clássica; uma guitarra poderia destoar um pouco. Para qualquer outro tipo de cerimônia, não há limites – bandas de casamento tradicionais, duplas sertanejas, DJs de rock alternativo, o que for do seu gosto. Como regra geral, quanto mais informal for o casamento, mais informal poderá e deverá ser a música.

Não despreze as bandas de casamento. Claro, algumas poderão parecer cafonas. Tocam nos mesmos lugares todos os finais de semana e têm no repertório os maiores sucessos de todos os tempos. Mas é exatamente disso que você precisa para animar a festa. Lembre-se: a banda de rock do seu colega da faculdade não é uma alternativa à banda profissional de casamentos. A sua festa de casamento não é um show de música ao vivo, mas um evento especial com necessidades também especiais. As bandas de casamento sabem disso e montam seus repertórios de acordo. Isso não significa que deva escolher a mais brega que puder encontrar – apenas não despreze o jeito de eles ganharem a vida.

Não despreze as bandas *cover*. Pessoas como você, que levam a música a sério, podem pensar que nunca, mas nunca mesmo, contratariam uma banda *cover* para tocar em seu casamento – mas deveriam. Casamentos são encontros de pessoas do seu passado, como reuniões familiares e de antigos colegas da escola, ao mesmo tempo que são celebrações do seu futuro. Ter canções conhecidas no repertório enquanto você e sua noiva dançam a noite toda pode trazer memórias e ajudar a unir convidados de mundos diferentes (nada como ver pessoas de idade se divertindo ao dançar músicas familiares). Além disso, não importa o bom gosto – um casamento não é um casamento se a "galera" não terminar a noite pulando descalça e gritando.

Não despreze os DJs. Você pode estar pensando: se a banda vai tocar todas as velhas canções de sempre, por que não economizar algum dinheiro e contratar alguém para tocar os discos? A lógica faz sentido, mas, a não ser que seu DJ seja extremamente criativo e bem estabelecido, ele não será capaz de produzir a mesma animação de uma banda ao vivo. Além disso, boas bandas que conhecem casamentos (veja o que foi dito anteriormente) são comandadas por um líder com capacidade para manter a animação nos intervalos entre as músicas. Muitos DJs podem fazer esse papel também, mas a maioria não está disposta a tanto.

Participe da escolha do repertório. A maioria das bandas de casamento trabalha com base em uma ampla gama de standarts – canções de jazz e pop que são divertidas e conhecidas por todos. Então, se tiver alguma(s) música(s) especial(is) em mente, que traga(m) recordações importantes, pergunte aos integrantes se eles a(as) conhecem antes de fechar o negócio. Muitas pedirão que você monte o seu próprio repertório para que elas tenham certeza de oferecer o que quer. Caso a banda não aceite, fique com outra opção.

Deixe o iPod em casa. O bom dos aparelhos de música portáteis é que eles dispõem de muito espaço para armazenar música que você mesmo escolheu. É tão fácil que talvez isso o leve a pensar em economizar os custos musicais e ser você mesmo o DJ. Recomendamos

que deixe isso para outra ocasião. Primeiro porque se verá em uma situação muito complicada se o seu aparelho falhar. Segundo, e mais importante que isso: seria mais uma responsabilidade que teria de assumir no dia do seu casamento. Caso o seu orçamento seja limitado (e você não planeje que os convidados dancem muito na sua festa), mantenha essa possibilidade como última opção, coloque um amigo de confiança como responsável e tenha um segundo dispositivo musical à mão como *backup*.

Modelo para Repertório Musical

Todas essas músicas são clichês? Sim. Muitas delas são cafonas? Com certeza. São tocadas em 99% dos casamentos? Definitivamente. Se estiver planejando algo próximo a um evento tradicional, use a lista a seguir para identificar músicas apropriadas para diferentes estágios da cerimônia e da festa. Simplesmente faça uma cópia da lista, marque as músicas das quais gosta, adicione outras favoritas e entregue-a ao líder da banda ou DJ. Mas lembre-se: as músicas góticas que você e sua noiva adoram provavelmente farão a maioria dos seus convidados fugir horrorizados da pista de dança.

Para o cortejo de casamento

- ❑ "Arioso", de Bach
- ❑ "Canon" em Ré, de Pachelbel
- ❑ "Romance" (Andante), da Serenata nº 13 para cordas em Sol maior, de Mozart
- ❑ "Marcha Nupcial", da ópera *Lohengrin,* de Wagner
- ❑ Outra: ______________________________

Cerimônia

❑ Adagio da Sonata em Mi bemol, de Mozart

❑ Ária de *Música Aquática,* de Händel

❑ Ária na corda Sol, da Suíte nº 3, de Bach

❑ Allegro do Concerto de Brandenburgo nº 4 em Sol, de Bach

❑ Noturno em Mi bemol, op. 9, nº 2, de Chopin

❑ Outra: ______________________________

Para a saída da igreja

❑ "Outono" (de *As Quatro Estações*), de Vivaldi

❑ Marcha Nupcial Tradicional (de *Sonho de Uma Noite de Verão*), de Mendelssohn

❑ Primeiro Movimento do Concerto de Brandenburgo em Fá, de Bach

❑ "Alla Hornpipe" (de *Música Aquática*), de Händel

❑ "Hino à Alegria", de Beethoven

❑ Outra: ______________________________

Intervalos

❑ Ária com variações ("Mansamente pastam as ovelhas"), de Bach

❑ "Amen! Praise and Glory", de Peacock

❑ "Ave Maria", de Schubert

❑ " Finlândia", de Grieg

❑ "Jesus, alegria dos homens", de Bach

❑ "O Pai Nosso"

❑ "O mio babbino caro" (de *Gianni Schicchi*), de Puccini

❑ "Quando Men' Vo" (a valsa de Mussetta, de La Bohème), de Puccini

❑ "Primavera" (de *As Quatro Estações*), de Vivaldi

❑ Outra: ______________________________

Primeira dança (marido/esposa)

- ❑ "Eu Sei Que Vou Te Amar", Tom Jobim
- ❑ "All I Want Is You", U2
- ❑ "At Last", Etta James
- ❑ "Como É Grande o Meu Amor Por Você", Roberto Carlos
- ❑ "Can You Feel the Love Tonight", Elton John
- ❑ "Can't Help Falling in Love", Elvis Presley
- ❑ "Pela Luz dos Olhos Teus", Tom Jobim
- ❑ "Could Not Ask for More", Edwin McCain
- ❑ "End of the Road", Boys II Men
- ❑ "Endless Love", Lionel Richie e Diana Ross
- ❑ "(Everything I Do) I Do It for You", Bryan Adams
- ❑ "How Sweet It Is", Marvin Gaye
- ❑ "Foi Assim Como Ver o Mar", 14 Bis
- ❑ "I Hope You Dance", Leann Womack
- ❑ "I Will Always Love You", Dolly Parton ou Whitney Houston
- ❑ "Meu Eu em Você", Victor e Leo
- ❑ "More Than Words", Extreme
- ❑ "Nothing Compares 2 U", Sinead O'Connor
- ❑ "Thank You", Dido
- ❑ "Time After Time", Cyndi Lauper
- ❑ "Unchained Melody", the Righteous Brothers
- ❑ "When a Man Loves a Woman", Percy Sledge
- ❑ Outra: ________________________________

Pai e filha

- ❑ "Butterfly Kisses", Bob Carlisle
- ❑ "Daddy's Hands", Holly Dunn

- ❑ “Have I Told You Lately”, Rod Stewart
- ❑ “Hero”, Mariah Carey
- ❑ “Isn’t She Lovely”, Stevie Wonder
- ❑ “My Girl”, The Temptations
- ❑ “The Way You Look Tonight”, Frank Sinatra
- ❑ Outra: ______________________________

Mãe e filho

- ❑ “Always”, Atlantic Starr
- ❑ “I Am Your Child”, Barry Manilow
- ❑ “Anjo do Céu”, Armandinho
- ❑ “Memories”, Elvis Presley
- ❑ “A Song for Mama”, Boyz II Men
- ❑ “Pra Sempre em Meu Coração”, Cristina Mel
- ❑ “You Raise Me Up”, Josh Groban
- ❑ “You’ve Got a Friend”, James Taylor
- ❑ Outra: ______________________________

Para festas judaicas

- ❑ “Hava Nagila”
- ❑ “Mezinka Dance”
- ❑ “Simontov and Mazeltov”
- ❑ “Tzena, Tzena, Tzena”
- ❑ Outra: ______________________________

Danças em grupo (se tiver coragem)

- ❑ “Achy Breaky Heart”, Billy Ray Cyrus
- ❑ “The Electric Slide”, Marcia Griffiths

- ❑ "The Macarena", Los Del Rio
- ❑ Outra: ______________________________

As preferidas da galera

- ❑ "At Last", Etta James
- ❑ "Ela É Puro Ecstasy", Barão Vermelho
- ❑ "Brown-Eyed Girl", Van Morrison
- ❑ "Celebration", Kool & the Gang
- ❑ "Dancing Queen" (ou qualquer outra), Abba
- ❑ "I Feel Good", James Brown
- ❑ "Vou Deixar", Skank
- ❑ "I'm a Believer", the Monkees
- ❑ "In the Midnight Hour", Wilson Pickett
- ❑ "Knock on Wood", Eddie Floyd
- ❑ "País Tropical", Jorge Benjor
- ❑ "Lady Marmalade", Labelle
- ❑ "Love Shack", the B-52s
- ❑ "Mony, Mony", Tommy James and the Shondells
- ❑ "Papa's Got a Brand New Bag", James Brown
- ❑ "Play That Funky Music", Wild Cherry
- ❑ "Descobridor dos Sete Mares", Lulu Santos
- ❑ "Respect", Aretha Franklin
- ❑ "Ring of Fire", Johnny Cash
- ❑ "Shout", Otis Day and the Nights
- ❑ "Shout", the Isley Brothers
- ❑ "Soul Man", Sam and Dave
- ❑ "Sweet Caroline", Neil Diamond

- ❑ "Sweet Home Alabama", Lynyrd Skynrd
- ❑ "Rindo à Toa", Falamansa
- ❑ "The Twist", Chubby Checker
- ❑ "Twist and Shout", the Isley Brothers or the Beatles
- ❑ "U Can't Touch This", MC Hammer
- ❑ "The Way You Look Tonight", Frank Sinatra
- ❑ "We Are Family", Sister Sledge
- ❑ "What I Like About You", the Romantics
- ❑ "Wonderful Tonight", Eric Clapton
- ❑ "You Sexy Thing", Hot Chocolate
- ❑ "You've Got a Friend", Carole King
- ❑ "YMCA", the Village People
- ❑ Outra: ______________________

Músicas a evitar

- ❑ "Baby Got Back", Sir Mix-A-Lot
- ❑ "Bitch", the Rolling Stones
- ❑ "Cry Me a River", Justin Timberlake
- ❑ "Girls, Girls, Girls", Mötley Crüe
- ❑ "The Lady Is a Tramp", Frank Sinatra
- ❑ "Love Is a Battlefield", Pat Benatar
- ❑ "Pour Some Sugar on Me", Def Leppard
- ❑ "Super Freak", Rick James
- ❑ "To All the Girls I've Loved Before", Willie Nelson e Julio Iglesias
- ❑ "Toxic", Britney Spears
- ❑ "You're So Vain", Carly Simon
- ❑ Outra: ______________________

1. ______________________ CORTEJO
2. ______________________ CERIMÔNIA
3. ______________________ SAÍDA DO CASAL
4. ______________________ INTERVALOS
5. ______________________ PRIMEIRA DANÇA
6. ______________________ NOIVA/PAI
7. ______________________ NOIVO/MÃE
8. ______________________ FESTAS JUDAICAS
9. ______________________ DANÇAS EM GRUPO
10. ______________________ PREFERIDAS DA "GALERA" #1
11. ______________________ PREFERIDAS DA "GALERA" #2
12. ______________________ MÚSICAS A EVITAR

(Fig. A)
CERIMÔNIA

REPERTÓRIO: Escreva sua seleção de músicas escolhidas nas pági

Fig. B)
RECEPÇÃO

anteriores para cada segmento da cerimônia e da recepção.

Contratando um Fotógrafo e/ou Cinegrafista

À medida que mais e mais de nós compramos câmeras digitais e desenvolvemos interesse pela fotografia digital, mais noivos assumem para si mesmos a responsabilidade de fotografar o próprio casamento. Contudo, o fato de ter acabado de pagar uma fortuna por uma Nikon automática não o torna um especialista em fotografia. Em seu casamento, você encontrará muitos desafios singulares – caso já tenha tentado reunir vinte pessoas para uma foto em grupo e se assegurar de que todos estivessem de olhos abertos, saberá do que estamos falando. Felizmente, hoje em dia muitos fotógrafos de casamento publicam seus portfólios em seus sites, o que permitirá a você avaliar os trabalhos sem precisar de uma entrevista pessoal. Uma vez que tiver limitado suas opções a três ou quatro profissionais, tente agendar encontros e mantenha as seguintes considerações em mente.

Esta Não É Uma Ocasião Para Amadores

Talvez a sua prima, que está estudando fotografia na faculdade, se ofereça para ajudá-lo a economizar algum dinheiro. Incentive-a a tirar quantas fotos quiser – mas não deixe de contratar um profissional mesmo assim. Acredite, você estará melhor com alguém que construiu a carreira capturando casamentos em filme (e em cartões de memória). Um profissional saberá preparar e desmontar seu equipamento sem o mínimo de distração e deverá ter visto tantos casamentos, que conhecerá todas as situações padrão.

Pergunte Sobre o Equipamento

Ao entrevistar os fotógrafos, pergunte que tipo de equipamento será usado, porque eles precisarão de mais que um *flash* integrado e *zoom* automático. Se o fotógrafo for bom, fará perguntas sobre o tipo de cerimônia que está planejando para estipular o tipo de equipamento necessário.

Seja o Dono do Seu Casamento

Nos tempos em que a fotografia se baseava em filme, a maioria dos fotógrafos de casamento reteria os negativos e venderia cópias adicionais (geralmente a preços altos) se precisasse. Porém, com o advento das câmeras digitais e a tecnologia para impressão caseira, não há mais razão para que você não receba todas as fotografias do casamento gravadas em um CD ou cartão de memória, de modo que possa imprimi-las a seu gosto. O fotógrafo poderá querer ficar com os direitos de reimpressão para o seu portfólio ou outras necessidades, e quanto a isso, tudo bem. Entretanto, esteja certo de que o contrato especifique que as fotos são suas.

Use Fotografia Viral

Seu fotógrafo oficial tirará centenas de fotos lindas e de boa composição, que seus avós adorarão. Mas quem fotografará o seu padrinho bebendo da boca da garrafa, momentos antes de fazer o seu brinde? Ou as duas madrinhas, que chocaram a todos com sua performance na pista de dança? São momentos imperdíveis, e você deve assegurar que sejam capturados – principalmente aquelas duas madrinhas.

NOIVA COM . . .

- ○ A mãe
- ○ O pai
- ○ Os pais
- ○ Os avós
- ○ Os irmãos
- ○ A família mais próxima
- ○ As madrinhas
- ○ Pajem e/ou dama de honra
- ○ Os padrinhos
- ○ ____________________
- ○ ____________________

OS NOIVOS COM . . .

- ○ Os pais da noiva
- ○ Os familiares da noiva
- ○ Os pais do noivo
- ○ Os familiares do noivo
- ○ As duas famílias
- ○ O celebrante
- ○ As madrinhas e os padrinhos
- ○ Os pais de ambos
- ○ Todos os principais envolvidos
- ○ ____________________
- ○ ____________________

A LISTA DE FOTOGRAFIAS: Use este checklist de fotografias par

O NOIVO COM . . .

- A mãe
- O pai
- Os pais
- Os avós
- Os irmãos
- A família mais próxima
- Os padrinhos
- O pajem e/ou a dama de honra
- As madrinhas
- ______________________
- ______________________

OUTRAS FOTOS

- ______________________
- ______________________
- ______________________
- ______________________
- ______________________

ertificar-se de obter todas as poses que deseja.

Para tanto, existe uma solução simples e acessível: compre um punhado de câmeras descartáveis e distribua-as pela festa (uma para cada mesa, para quem permanecer sentado). Então, deixe uma caixa preparada, onde as pessoas possam deixar as câmeras no final da festa. Além disso, vários convidados provavelmente trarão suas câmeras e você poderá pedir que enviem as melhores fotos diretamente por e-mail.

E Se Pretende Filmar...

A maior parte do que dissemos sobre um bom fotógrafo também se aplica ao profissional da filmagem, se decidir contratar um. Apenas queremos acrescentar um pequeno conselho: controle

suas expectativas. Existe um grande abismo entre o Martin Scorsese e o sujeito que irá filmar o seu casamento. Conte com mudanças de cena esquisitas, música ridícula e um produto final que é ao mesmo tempo singularmente brega e incrivelmente divertido de assistir. Dizem que existe algo como um vídeo de casamento estiloso e sofisticado, mas nós ainda não vimos nenhum.

O Acordo Sobre o Qual Nenhuma Noiva Quer Ouvir...

Acordo pré-nupcial. O que quer que tenha lido a respeito nas notícias provavelmente envolvia uma celebridade e/ou uma pessoa extremamente rica. Essa é uma boa-nova para o resto de nós. Se você não for uma celebridade, ou muito rico, é provável que não precise de um acordo pré-nupcial. Não obstante, não custa nada entender como eles funcionam e por que você deveria pensar em fazer um mesmo assim.

O Que é um Acordo Pré-nupcial?

Trata-se de uma declaração assinada do que deverá acontecer com respeito aos seus bens e compromissos, assim como aos de sua noiva, em caso de divórcio ou morte. Qualquer país conta com algum tipo de precedente legal de como lidar com tais questões em ambos os casos. O acordo pré-nupcial é feito para anular esses precedentes.

EU PRECISO DE UM ACORDO PRÉ-NUPCIAL?

○ Sim ○ Não	Possuo uma fortuna pessoal de família ou outros bens (coleção de objetos de arte, imóveis etc.) que preciso proteger?
○ Sim ○ Não	Tenho outros beneficiários (filhos de um casamento anterior, pais enfermos) que precisam da proteção garantida de acesso aos meus bens no caso da minha morte ou incapacitação?
○ Sim ○ Não	Tenho um histórico de dívidas do qual eu gostaria de proteger a minha esposa?
○ Sim ○ Não	Meu empregador exige que eu faça um? (Isso pode se tornar uma questão, quando uma empresa oferece propriedade parcial de uma firma a um empregado específico.)
○ Sim ○ Não	Tenho razões para não dar procuração à minha esposa sobre minhas questões pessoais, relativas a negócios e saúde, no caso de ficar incapacitado ou morrer?

⚠ ***CUIDADO:*** *Se você respondeu "não" a todas as perguntas acima, então provavelmente não precisa de um acordo pré-nupcial, e, se pedir por um, sua noiva poderá achar você um canalha. Claro, os pragmáticos dirão que 50% dos casamentos acabam em divórcio, o que significa que há uma probabilidade de 50/50 de que o seu relacionamento com sua esposa será dissolvido. Nesses casos, um sólido acordo pré-nupcial pode evitar horas de discussões estressantes, sem falar nos milhares de reais em honorários de advogados.*

Como Peço à Minha Noiva que Assine um Acordo Pré-nupcial?

Com muita cautela. Se sua noiva tiver conhecimento em negócios ou direito, você poderá lembrá-la de que um matrimônio é muito similar ao início de uma pequena empresa, incluindo leis específicas, isenção de impostos, contas conjuntas, gastos compartilhados e mais. De acordo com essa analogia, o acordo pré-nupcial é simplesmente uma saída juridicamente obrigatória para o caso de "o negócio" fracassar.

Se sua noiva vier de uma formação artística, poética, dramatúrgica ou qualquer outra, você está sem sorte. Ela já deve ter assistido a inúmeros filmes cuja protagonista é Meg Ryan, Sandra Bullock ou Julia Roberts, nos quais o vilão está sempre pedindo um acordo desse tipo. Até hoje, não existe maneira efetiva conhecida de se pedir um acordo pré-nupcial sem parecer um idiota – então, tenha certeza de que isso é realmente importante para você antes de sugerir a ideia.

Como Consigo Um?

Isso é relativamente fácil – mas não é barato. Você terá de buscar consultoria legal. Ambos terão de contratar advogados diferentes e se envolver na criação do contrato, além de estarem presentes na hora de assiná-lo. Caso contrário, ele não terá validade perante um juiz.

Falando nisso, esteja preparado para a transparência total – todos os seus bens, a sua renda, seus compromissos financeiros e até mesmo suas expectativas (qualquer coisa que espere receber no futuro previsível, como uma herança) precisarão ser declaradas antes da criação do contrato. Qualquer omissão complicará a situação e poderá fadar o acordo à nulidade.

Um Milhão de Pedacinhos

Neste ponto, é provável que você já esteja cansado de ouvir todos dizerem como se comportar. Compartilhamos seu sofrimento, mesmo sabendo que é este livro que está dizendo o que deve fazer. O que torna o planejamento de um casamento tão assustador para tantos homens é o fato de que grande parte do trabalho é estritamente hipotética - até que chegue a hora H não há o que levantar, mover, carregar ou simplesmente fazer. A não ser, é claro, pelas seguintes tarefas: todos os afazeres reais que você poderá realizar com suas próprias mãos.

Compre as Alianças

Esta é a boa notícia: alianças de casamento em geral são mais baratas que anéis de noivado, e sua noiva poderá escolher qual irá usar. Esses dois fatores podem fazer toda a diferença.

Além disso, dessa vez você também receberá sua própria aliança. Pode ser que sua noiva queira fazer um gesto simbólico e escolher a sua aliança, mas sugerimos que você a convença a não fazê-lo. Ela já tem tarefas suficientes, e você será mais eficiente nessa empreitada. Certifique-se de comprar as alianças antecipadamente; o objeto inanimado mais importante do casamento é o anel no bolso do seu padrinho, então adquira-o bem antes (seis semanas, no mínimo) do grande dia.

Por fim, assegure-se de que as alianças servem, antes que vocês dois estejam diante do celebrante e de todos os seus amigos e familiares. O estresse dos preparativos leva o noivo (e mais raramente a noiva) a ganhar alguns quilos. Mesmo que as alianças sirvam na loja, não há garantia de que servirão quando for realmente importante. Na semana anterior ao casamento, certifique-se diariamente de que ainda é o caso.

Prepare uma Lista de Presentes

Assim como no seu aniversário, seu casamento é uma oportunidade rara para ganhar presentes sem ter de dar nada em troca (até que os seus amigos comecem a planejar os próprios casamentos, é claro). Mas, antes de se deixar levar pelo entusiasmo e começar a pedir toda espécie de sistemas de *videogames* e TVs de plasma, saiba que a maioria dos presentes de casamento é absolutamente inútil e entediante – como louça, talheres,

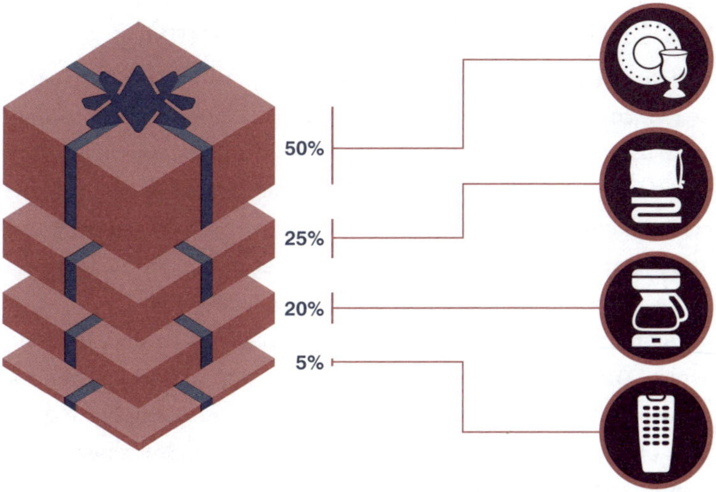

copos, lençóis e outros objetos que irão parar em cima do armário daquela despensa que você nunca abre.

É claro que esse tipo de presente também tem as suas vantagens. Louça e prataria de qualidade certamente são um sólido investimento – podem se tornar uma herança de família, que um dia você passará a seus filhos. Outra alternativa seria vendê-las por um bom dinheiro em leilões ou como parte dos procedimentos de um eventual divórcio. Esse tipo de presente não desvaloriza como a TV de plasma ou o console de *videogame* que você tanto deseja.

No final, vocês acabarão ganhando alguns itens da sua preferência, todos por cortesia dos seus amigos mais antigos e íntimos – seus padrinhos. Contudo, se esses homens e mulheres lhe derem jogos de copos americanos, aconselhamos que você reavalie essas amizades.

Obtenha a Certidão de Casamento

Mesmo que um cardeal ou arcebispo oficie pessoalmente seu casamento, você não estará casado aos olhos da lei sem um documento oficial do seu município ou estado de residência. A maioria dos celebrantes poderá aconselhá-lo a respeito do que fazer. O ideal é procurar informações no cartório do seu bairro e informar-se. E não se esqueça de assinar os papéis após fazer o seu juramento no dia do casamento, caso contrário, o beijo terá sido em vão.

Diferentes estados e países têm leis distintas, e está além do escopo deste livro descrever exatamente o que você precisará fazer em cada situação. Mas há uma generalização que se aplica a qualquer um que estiver em busca de uma certidão: o processo é mais complicado, mais demorado e mais caro do que você espera.

As engrenagens da burocracia governamental giram vagarosamente, então informe-se a respeito do processo pelo menos 90 dias antes do casamento. Mantenha seu talão de cheques à mão, com vários documentos de identificação.

Aproveite a Degustação dos Serviços de Bufê

Não permita que sua noiva o exima dessa "responsabilidade", pois você tem tanto direito a uma deliciosa refeição grátis quanto ela. É isso mesmo – muitos serviços de bufê incluem uma

degustação complementar no pacote, na qual você, sua noiva e, às vezes, vários de seus conselheiros mais confiáveis poderão testar tudo o que houver no cardápio, a fim de determinar a comida que será mais apropriada para a sua festa. Entre as muitas decisões a serem feitas estará a escolha do bolo de casamento, portanto, não deixe de comparecer.

Essa experiência pode incluir também o "bolo do noivo", ou seja, um bolo menor, tipicamente de chocolate, que também será oferecido na festa. Nem todos optam por servi-lo, mas, em todo caso, ele provê uma boa metáfora para o casamento em geral: o "bolo de casamento" é, na realidade, o bolo da noiva; você receberá o bolo menos importante que está ao lado. Aproveite-o.

Pratique os Seus Passos de Dança

Caso pretenda ter música no seu casamento, é provável que esperem de você uma "primeira dança" com sua esposa. Para alguns de nós, não há problema. Se você é um dançarino nato, saberá o que fazer – apenas recomendamos que reserve 15 minutos antes da hora para praticar com a sua noiva. Entretanto, se considerar que a ideia de dançar na frente de um público é absolutamente aterrorizante, talvez seja aconselhável investir em algumas aulas de dança. Elas certamente aliviarão o nervosismo do dia do casamento, ensinarão algumas habilidades úteis para futuros eventos sociais e ajudarão a manter a ênfase no romantismo durante o noivado.

Escolhendo Arranjos Florais

Por que você está lendo isso? A maioria dos homens com algum bom-senso já teria passado direto para a próxima seção, afinal, você não deverá escolher as flores para o seu casamento. Apostamos que você nem consegue enumerar os nomes de cinco flores diferentes. Prove o contrário e mostre que você entende disso!

Se sua noiva o estiver pressionando para participar de uma reunião com um florista, faça um favor a si mesmo: sublinhe a sentença seguinte e coloque-a na frente da sua noiva: um homem não deve participar da seleção de flores para o seu casamento.

Compre o Presente de Aniversário "Número Zero" de Casamento

O seu casamento é o início de algo tremendamente significativo, então comece bem, comprando um presente digno da ocasião para sua esposa. O significado de "digno" variará bastante de uma mulher para outra, mas basta dizer que este momento não é como nenhum outro, e qualquer presente normal não será suficiente. Joias em geral são uma boa opção (apesar de você já ter comprado um anel de noivado e uma aliança). Contudo, economize dinheiro sendo criativo. Se sua mulher tem um livro favorito, compre uma primeira edição autografada. Ou compile um álbum de fotografias de todas as suas memórias favoritas. O presente não deve ser caro; apenas precisa comunicar que você investiu algum esforço nele. Elimine essa tarefa com antecedência, principalmente se ela exigir muito empenho de sua parte, pois nas últimas semanas você estará ocupado demais para trabalhos criativos ou compras.

Compre Presentes para Seus Padrinhos

Apesar de isso não ser obrigatório, você poderia mostrar sua gratidão para com seus padrinhos. Essa prova de apreciação pode ser tão extravagante ou inconsequente quanto quiser. Se estiver com dinheiro à disposição para gastar, dê-lhes ingressos para um show ou até um fim de semana em um hotel no campo ou na praia. Se precisar economizar, ofereça-lhes uma garrafa de vinho. Nossa única sugestão é que você evite objetos que pareçam presentes de propaganda corporativos. Um bolsa térmica com o nome do casal e a data do casamento bordados não é uma recordação interessante, mas uma carteira em couro para os homens e uma capa para laptop para as mulheres podem ser excelentes opções.

As Lembrancinhas

Enquanto presentes corporativos são inadequados para os padrinhos, o resto dos seus convidados pode gostar deles. Se o seu orçamento permitir, pense em presenteá-los com algum tipo de lembrancinha da festa de casamento. Algumas sugestões que parecem funcionar bem incluem canecas, vasinhos de flores, porta-retrato com uma foto dos noivos, um CD com as músicas do casamento etc. Com a explosão do comércio pela internet, opções cada vez mais criativas estão à disposição, caso esteja disposto a procurar.

Faça as Pazes com Deus

Fornecedores de serviços de bufê, fotógrafos e bandas de casamento esperarão algum depósito antes de prestarem seus serviços. Do mesmo modo, vale a pena verificar os valores cobrados nas igrejas e sinagogas onde a cerimônia será realizada. O preço pode variar bastante, e aquela secretária tagarela do escritório da sua igreja pode ser a pessoa certa a quem perguntar. Outra opção é indagar

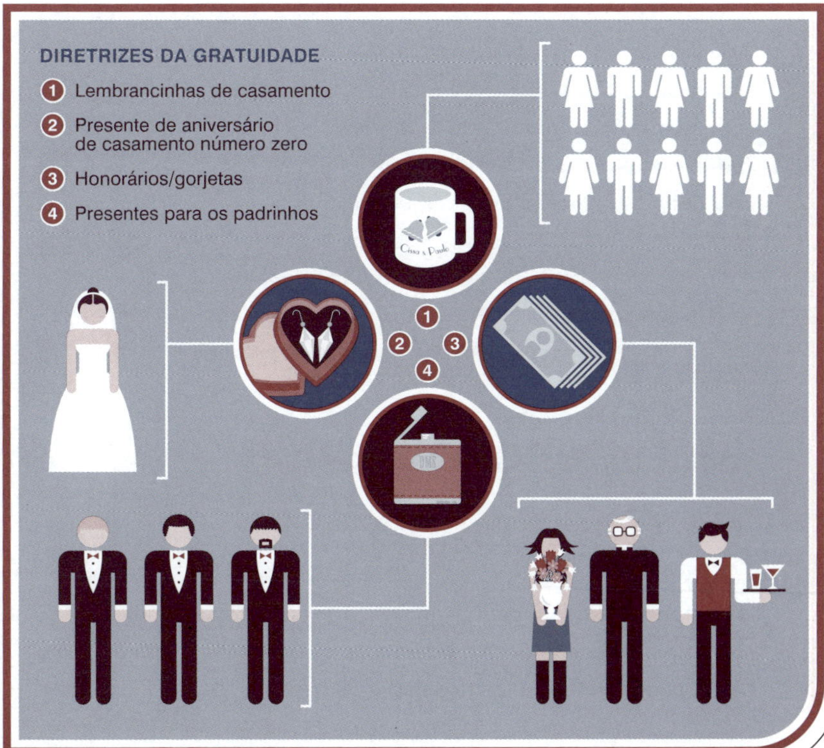

seus pais, seus amigos ou o organizador de casamentos sobre o que outros fizeram em situações similares.

Lembre-se das Gorjetas

A maior parte das pessoas com as quais lidará no seu casamento incluirá seus honorários nos respectivos contratos. Alguns poderão cobrar menos, com o entendimento implícito de que, se você gostar do serviço, irá lhes dar gorjetas. Como os casamentos geralmente são eventos de financiamento autônomo – e você quer ver essa questão resolvida o quanto antes –, procure cuidar das gorjetas no dia da cerimônia, ou mesmo antes. E não se acanhe por pagar em dinheiro mesmo, abanando as notas como se fosse um gângster. Apenas mantenha em mente que você é responsável somente pelas gorjetas das pessoas cujos serviços fazem parte do seu orçamento. Qualquer outro contratado pelos pais da noiva, pelos seus ou por terceiros deverá ser cuidado por eles do começo ao fim, a não ser que vocês o tenham combinado.

Manutenção Básica do Casamento

Independentemente de a cerimônia do seu casamento ser grande ou pequena, chegará um momento no qual se sentirá menos como alguém que planeja uma ocasião com base no amor e mais como se tivesse entrado em um negócio com uma amiga, em uma empreitada sem a mínima possibilidade de lucro. Isso é normal. Felizmente, existem diversos "remédios" já integrados no processo do noivado que o aliviarão nesses tempos agitados.

Recebendo Ensinamentos

Grande parte das pessoas pensa que terapia de casal serve somente para conflitos sérios. Entretanto, como você provavelmente já deve ter lido em qualquer livro de autoajuda, a melhor maneira de resolver problemas é podá-los antes que se tornem grandes demais. No decurso de um noivado, isso envolve o entendimento daquilo que embasa a sensação de terem sido feitos um para o outro.

Caso esteja se casando sob os auspícios da sua fé religiosa, a dita fé poderá prescrever algum aconselhamento. Procure ajuda - seja na presença somente do celebrante ou em uma sala maior repleta de casais que também estejam se preparando para o casamento. Faça o que fizer, seja algo simples e básico ou até bizarro, nós o aconselhamos a levar o processo a sério. Isso não apenas trará mais consciência ao seu relacionamento (levantando questões, do tipo: como vocês alcançam o equilíbrio como casal? O que esperam do casamento?), mas também proporcionará mais argumentos para a próxima vez em que alguém lhe perguntar do que você gosta tanto na sua noiva.

Se planejam um casamento secular ou se sua fé não dispõe de nenhum tipo de aconselhamento, você ainda poderá encontrar profissionais locais que atenderão você e sua noiva por uma

taxa nominal. Caso tenha a sensação de estar entrando no casamento às cegas, esse pode ser um bom investimento.

É claro que, se tudo estiver indo bem, não há por que levantar essa questão. Algumas pessoas precisam de aconselhamento e sabem disso. Outras necessitariam, mas não fazem ideia. Outros, ainda, realmente não precisam.

Mantenha o Romance Vivo

Quando se está planejando um evento para cem convidados ou mais, é fácil perder de vista os pequenos detalhes – incluindo o precioso amor que levou você e sua noiva a se unirem. Recomendamos que, durante o noivado, você faça um esforço para lembrar à sua noiva da paixão e dos sentimentos profundos que deram início ao seu romance.

Claro que, se for o tipo de homem que não se sente confortável com palavras como "paixão", "romance" e "sentimentos profundos", podemos falar em termos mais práticos: pode ser que você chegue a um ponto no seu noivado em que sua noiva esteja tão estressada que não queira mais fazer sexo. Se isso ocorrer, tente lembrá-la da paixão e dos sentimentos profundos que deram início ao seu romance. Eis como fazê-lo:

- **Saiam juntos.** Aproveitem um tempo de qualidade a dois antes que tenham uma casa cheia de crianças. Um jantar e um cinema, um piquenique no parque, aulas-surpresa de paraquedismo ou até mesmo uma pizza para viagem e um filminho em casa podem ser uma boa opção. Prometam um ao outro que não discutirão o casamento durante essa noite.

- **Saia com amigos.** Se você tem passado por algumas batalhas e decisões complicadas com a sua noiva, aliviem a pressão saindo com seus melhores amigos.
- **Ofereça uma massagem a ela.** Ela está estressada. Você tem mãos fortes. Certeza, não é difícil.
- **Ofereça a ela um dia em um spa.** Ela está exausta. Você tem mãos fracas, mas um cartão de crédito forte. Realmente não é difícil.
- **Compre flores para ela.** Quase toda mulher adora receber flores, especialmente quando não há razão especial. Compre algumas e surpreenda-a.

⚠ ***CUIDADO:*** *Evite presenteá-la com chocolates durante o noivado, porque ela pode estar se submetendo a uma dieta acirrada para entrar no vestido de noiva.*

- **Considere ter aulas de dança.** Essa ideia já foi sugerida anteriormente neste livro, mas ela é tão boa que merece uma repetição. Aulas de dança o deixarão pronto para a superimportante "primeira dança" na sua festa. Além disso, será praticamente impossível chegar à sua casa depois de uma aula dessas sem um pouco de ação.

Escreva Seus Próprios Votos

A maioria das pessoas opta pelos votos tradicionais (na alegria e na tristeza, na saúde e na doença, até que a morte nos separe). Mas, se quiser acender a paixão, poucos gestos são mais eficazes que esboçar seus próprios votos de casamento, diretamente do seu coração. Se você e sua noiva quiserem tentar, sigam as seguintes diretrizes.

Eu, [SEU NOME], recebo
você, [NOME COMPLETO DELA]

(A) como minha esposa.

(B) como meu amor, minha parceira, meu porto seguro e minha esposa.

(C) como o centro da minha vida.

(D) como minha Yoko.

(E) para fazer esta jornada comigo.

Você

(A) me maravilha com sua compaixão e beleza.

(B) me encanta com seu sorriso,
me emociona com sua energia,
me aquece com seu amor.

(C) é a pessoa mais maravilhosa que já conheci, e não posso viver sem você.

(D) tem mais dinheiro que eu, o que torna sua decisão de se casar comigo ainda mais surpreendente.

(E) parece ser boa de cama, mas, claro, esta hipótese ainda precisa ser comprovada

Eu prometo

(A) amá-la e respeitá-la pelo resto de nossa vida.

(B) ser seu porto seguro e sua bússola, como você o será para mim.

(C) entregar-me somente a você.

(D) não envergonhá-la na frente de seus amigos e colegas de trabalho.

(E) sustentá-la financeiramente, pois seu diploma em ________ não vale nada no atual mercado de trabalho.

Juntos poderemos

(A) compartilhar nossa alegria e nosso amor de hoje em diante.

(B) viver, crescer e amar.

(C) formar um elo que nunca poderá ser rompido.

(D) descobrir a monotonia de um longo relacionamento monogâmico.

(E) dobrar nossos ganhos financeiros e ter direito a algumas isenções.

Por favor,

Ⓐ seja minha esposa.

Ⓑ envelheça comigo.

Ⓒ junte-se a mim, na vida e no amor, para sempre.

Ⓓ não peça o divórcio.

Ⓔ pare de rir.

GERADOR INSTANTÂNEO DE VOTOS DE CASAMENTO: Marque as opções desejadas.

- **Estabeleça regras básicas.** Discutam quais votos devem ser ditos por sua noiva e/ou seu celebrante. (Verifique com o celebrante essa possibilidade.)
- **Foque as melhores qualidades de sua noiva.** Tenha certeza de que observações de humor, como "eu prometo nunca reclamar da sua comida", não provocarão risadas desmedidas quando estiverem diante de toda a congregação. Você apenas parecerá um grande idiota.
- **Anote-os.** Mesmo que tenha excelente memória, nunca se sabe quão nervoso estará no altar com o resto de sua vida em jogo. Talvez esteja convencido de ter seus votos bem memorizados, mas leve uma "cola" no bolso interno do seu casaco, apenas por precaução.
- **Pratique.** Você estará dizendo os seus votos para a sua noiva, mas dezenas ou centenas de convidados estarão escutando junto a ela. Seu celebrante poderá até mesmo colocar um microfone na sua frente, amplificando os votos para toda a "plateia" – então, esse não é um bom momento para gaguejar. Preparando-se de antemão – e recitando seus votos pelo menos uma dúzia de vezes –, não ficará encabulado no dia do casamento.

Planejando a Lua de Mel

Uma das responsabilidades mais tradicionais do noivo é fazer os arranjos para a lua de mel. Correndo o risco de parecermos repetitivos, é melhor consultar a sua noiva. Nada estragará o casamento de conto de fadas tão rapidamente quanto uma lua de mel que seja boa apenas para uma das partes.

O Planejador Prático

Mesmo que você tenha viajado a mais cidades que a TAM, é provável que nunca tenha experimentado uma viagem como uma lua de mel. Essas não são somente mais umas férias de sete ou dez dias. Atente para os seguintes pontos:

- **Consulte amigos, familiares e a internet.** Você pode não querer copiar exatamente a lua de mel de outra pessoa, mas procurar inspiração na experiência alheia. Navegue pela web e descubra qual dos lugares fantásticos está mais barato e/ou é mais prático e adequado nas datas em que pretende viajar.
- **Sem surpresas.** A não ser que seu histórico com sua noiva seja absolutamente impecável, não abuse da sorte na sua lua de mel. Uma surpresa de uma semana que não for bem recebida no primeiro dia tornará o restante da viagem insuportável.
- **Saiba o que você quer.** Na realidade, o que queremos dizer é: "saiba o que a sua noiva quer". Talvez você tenha planos grandiosos, que envolvam campos de golfe ou aventuras radicais, mas se sua esposa não ficar feliz com isso, estará fadado ao desastre.
- **Não convide mais ninguém.** Isso deveria ser óbvio, mas, para um número surpreendente de pessoas, não é. A lua de mel é para você e sua noiva, ponto. A solidão a dois é a sua recompensa por ter passado pelos ardores do noivado e do casamento. Então não a perca pensando que uma viagem com outro casal, ou – Deus nos livre – uma combinação de lua de mel com férias familiares trará os mesmos benefícios. A não ser que o seu objetivo seja um divórcio rápido.

Planejando a Lua de Mel

Fatores a serem considerados ao planejar a lua de atividades, extravagância das acomodações, tipos

INFORMAÇÕES DA HOSPEDAGEM

Sr.	Prenome	Inicial	Sobrenome
Sra.	Prenome	Inicial	Sobrenome

Hotel/Resort	Quarto/Suíte #
Endereço	Cidade

Estado	País	Código postal

DATA ☐☐ / ☐☐ / ☐☐ até ☐☐ / ☐☐ / ☐☐

DIAS ☐☐ x TAXA ☐☐☐☐.☐☐ = TOTAL ☐☐☐☐☐.☐☐

Cama	○ King	○ CA King
Serviço de mordomo	○ Sim	○ Não
All-inclusive	○ Sim	○ Não

TRANSPORTE

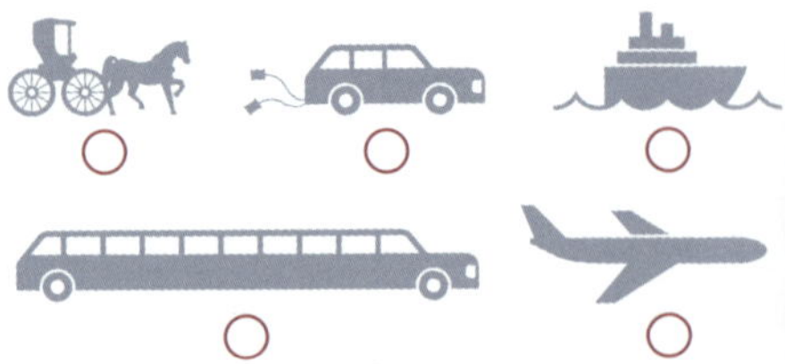

nel incluem: localização geográfica e clima, nível de resistência a
le pensão, duração da viagem e, claro, limitações no orçamento.

ATIVIDADES

	ROMANCE	AVENTURA	FITNESS	SOL & DIVERSÃO
SEDENTÁRIA	 ○	 ○	 ○	 ○
ATIVA	 ○	 ○	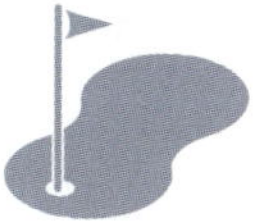 ○	 ○
MUITO ATIVA	 ○	 ○	 ○	 ○
EXTREMA	 ○	 ○	 ○	 ○

- **Conheça os seus limites.** Algumas pessoas conseguem permanecer deitadas na praia até a aposentadoria. Outras começam a ficar apreensivas depois de quatro dias. Saiba quanto tempo você e sua noiva podem sobreviver em companhia um do outro e longe de todo o resto. Muitos casais aproveitam a viagem ao máximo quando, na metade do caminho, o ritmo muda: uma boa ideia são três a cinco dias em uma cadeira de praia para se recuperar do choque do casamento, seguidos por três a cinco dias de mais agitação e aventura.
- **Conheça o seu tempo mínimo.** Porém, não deixe que a viagem seja tão breve que mal dê tempo de chegar lá. Casamentos são eventos cheios de gente, barulhentos e traumáticos, e você deve dar um tempo antes que tenha de voltar para a realidade. Três dias costumam ser um bom tempo mínimo – mais que um fim de semana, mas não longo o suficiente para causar problemas caso a vida real esteja ansiosamente esperando o seu retorno.
- **Abrace o clichê.** Pode ser que você sinta uma necessidade irresistível de evitar outros recém-casados em sua lua de mel, e talvez seja por isso que esteja descartando ilhas tropicais e chalés nas montanhas. Contudo, antes de comprar duas passagens de ida e volta para Nova Iorque (ou Londres, ou Paris), lembre-se de que seu casamento será um evento grande e caótico, e talvez não seja uma boa ideia visitar uma cidade grande e igualmente caótica logo em seguida. Até mesmo o mais teimoso dos aventureiros urbanos irá gostar de um pouco de areia e sol quando se vir confrontado com a exaustão pós-casamento.
- **Conheça o seu limiar de aventura.** Pode ser que tenha lido a última dica, mas ainda não esteja convencido. Tudo bem, você tem todo o direito de querer provar que a lua de mel perfeita também pode ser

a viagem dos sonhos. Ainda assim, faça o que puder para reduzir tempos de voo e aumentar o conforto, mesmo que isso signifique gastar um pouco mais. Você ficará feliz em tê-lo feito.

- **Conheça seu limite de gastos.** Assim como todo o resto nesse evento, a lua de mel vai custar uma fortuna. Então, saiba quanto pode gastar e planeje de acordo. Talvez você tenha de optar entre uma viagem curta e luxuosa ou uma mais longa com a metade das amenidades. Por um lado, vocês não sentirão falta do que não experimentaram, então, ter apenas a metade das extravagâncias não lhes fará mal. Por outro, é possível que essa seja sua única oportunidade de aproveitar, então pode ser que lhe faça bem (e lhe proporcione anos de benevolência por parte da sua esposa) optar pela opulência. Se estiver disposto a arcar com ambos, melhor ainda.
- **Certifique-se de que as pessoas saibam que está em lua de mel.** Muitos hotéis e resorts existem somente para servir casais em lua de mel. Então, quando estiver fazendo as reservas, não tenha medo de dizer que é para essa finalidade. Alguns irão servir champanhe gelado, oferecer acomodações melhores pelo mesmo preço ou simplesmente fornecer flores frescas. Tais vantagens podem ser um belo lembrete de que essas férias são diferentes de todas as outras.
- **Faça qualquer coisa, mas faça algo.** Se estiver pensando em postergar a lua de mel, ainda assim deve fazer planos para sair por alguns dias imediatamente após o casamento. Uma barraca de camping, um quarto com café da manhã, um hotel com piscina a 10 quilômetros de sua casa – seja o que for, vá até lá e familiarize-se com a sua nova companheira de vida. Caso contrário, sua vida pós-nupcial não parecerá diferente o suficiente para justificar toda aquela atividade.

Sobrevivendo à Sua Despedida de Solteiro

Aqui está a verdadeira recompensa pelos muitos e longos meses de dificuldades econômicas e pessoais: uma noite para superar todas as outras, passada com seus melhores amigos. Você provavelmente acabará bêbado, portanto cuidado. É possível que seus amigos providenciem alguma brincadeira mais apimentada – como belas mulheres vestidas com pouquíssimas roupas e dançando bem à sua frente, literalmente se jogando sobre você. Essa será uma noite para ser lembrada (pelos outros), especificamente porque você não se recordará de quase nada.

Ao menos essa é a ideia convencional sobre despedidas de solteiros, passadas de pai para filho ao longo do tempo. A sua última celebração sem a sua noiva poderá incluir tudo isso e mais, ou ser completamente diferente. A medida do sucesso não é o quanto consegue fazer sem ser descoberto, mas o quanto consegue fazer o que realmente quer. Aqui vão algumas diretrizes gerais.

Saiba o que Quer

A despedida de solteiro é o raro momento das festividades pré-nupciais em que você poderá ditar exatamente o que deve acontecer. Nem a sua noiva nem a sua mãe, tampouco o organizador de casamentos – simplesmente você. Se existe algo em particular que você realmente queira fazer na sua despedida de solteiro – *rafting* em corredeiras, ajudar na sopa comunitária, ser "castigado" por uma ruiva –, fale, pois seus padrinhos não são capazes de ler pensamentos.

Saiba o que Não Quer

Porém, não deixe de dizer aos seus padrinhos o que é absolutamente inaceitável. Isso pode incluir coisas que sua religião, tolerância, gosto pessoal, resistência à dor ou simplesmente bom-senso não lhe permitem fazer. Mais uma vez, seus padrinhos devem respeitar os seus desejos; entretanto, para o seu próprio bem, não se dê por satisfeito com uma noite normal com eles. Além disso, se o álcool fizer parte da história, você se surpreenderá com a rapidez com que os conceitos morais mudam.

Uma Noite de Festa ou um Fim de Semana Inteiro

Em algumas sociedades, é comum festejar um fim de semana inteiro em vez de apenas uma noite. Somos totalmente a favor da ideia se você tiver a resistência necessária, mas lembre-se de considerar também o orçamento dos seus padrinhos, que já estarão arcando com outros gastos relacionados ao seu casamento. Além disso, assim como com as roupas do casamento, você poderá se beneficiar de descontos, planejando a viagem para o grupo todo.

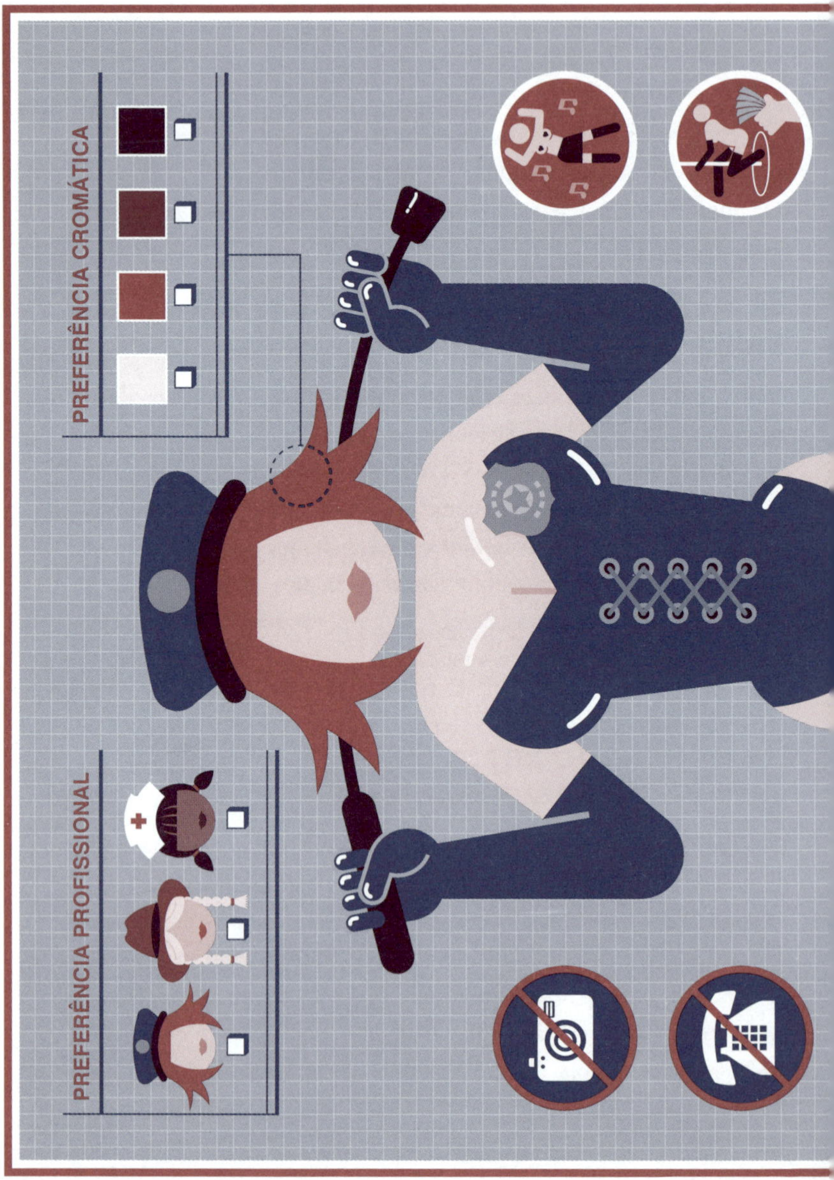
PREFERÊNCIA CROMÁTICA
PREFERÊNCIA PROFISSIONAL

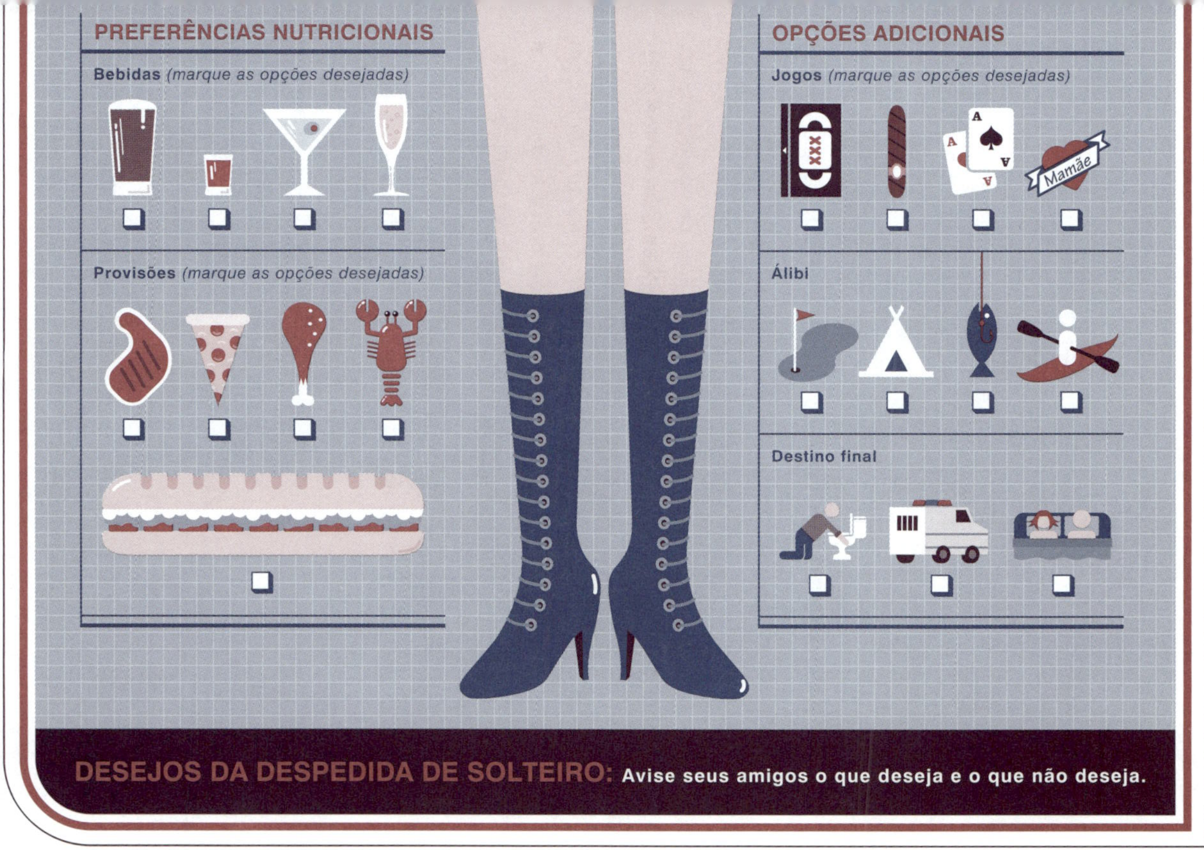
PREFERÊNCIAS NUTRICIONAIS
Bebidas (marque as opções desejadas)
Provisões (marque as opções desejadas)
OPÇÕES ADICIONAIS
Jogos (marque as opções desejadas)
XXX
Mamãe
Álibi
Destino final
DESEJOS DA DESPEDIDA DE SOLTEIRO: Avise seus amigos o que deseja e o que não deseja.

Apenas Não Festeje na Noite Anterior ao Casamento

Óbvio, não é mesmo? Você não vai querer enfrentar uma terrível dor de cabeça e uma enorme ressaca bem no dia do seu casamento, certo?

A Legalidade é Relativa, a Moralidade Não

Independentemente do que seus amigos digam, essa não é a última noite em que vocês irão "aprontar". Tudo o que possa comprometer o seu casamento deve estar fora de cogitação, não importando o quanto os seus amigos insistirem. Em outras palavras, se achar que seu comportamento causará problemas com a sua noiva, estará tomando a atitude correta ao se recusar em participar. Se achar que isso levará o seu noivado a um final abrupto, não o faça. E lembre-se: sua noiva também terá sua despedida de solteira...

Uma opção é fazer uma festa juntos, para todos os amigos, e curtir bastante sua última noite como solteiros despreocupados.

Em Caso de Extrema Emergência

A não ser que você e sua noiva estejam planejando a mais simples das cerimônias, é provável que sejam confrontados com pelo menos uma situação que os fará pensar que seus planos descarrilaram completamente, e, com eles, também o seu noivado. Aqui estão quatro das situações mais frequentes que poderão encontrar:

Sua Noiva Está Enlouquecendo

Planejar um casamento é, provavelmente, a atividade mais estressante pela qual você e sua noiva já passaram. Dependendo da predisposição da sua noiva (e/ou da disponibilidade de apoio competente por parte da família ou de um organizador de casamentos), pode ser que simplesmente seja o auge das preocupações. Se parecer a você que ela está para sofrer um colapso, lembre-a de que tudo vai dar certo e que o casamento será ótimo. Caso a condição já tenha avançado a níveis em que esse tipo de diálogo racional não surte mais efeito, você ainda tem uma última saída: fuja com ela e casem-se às escondidas. Note que essa opção não deve ser usada a não ser em circunstâncias extremas – mas, se o casamento em si parece ameaçado pelos preparativos e as exigências da família forem devastadoras, fugir pode ser a sua melhor opção. Claro que essa solução não é livre de consequências, como a alienação da família, o desperdício de dinheiro e a perda da opulência de um casamento planejado. Entretanto, se a escolha for entre um matrimônio feliz e uma boda agonizante, fique com o primeiro. Sua família entenderá, ainda que não imediatamente.

Seu Casamento Está Fugindo do Controle Orçamentário

Pode ser que ainda não seja tarde demais para mudar o porte do casamento. Se os convites ainda não tiverem sido enviados, reduza a lista de convidados e, se necessário, procure outro local. Contudo, essas duas tarefas podem levar a mais problemas; se estiver realmente preocupado, diminua a grandeza do casamento e reserve um lugar de fácil acesso. Um quintal pode ser uma excelente opção de emergência – apenas tenha certeza de conhecer o dono dele.

Vocês, de Repente, Não Conseguem Utilizar o Local Programado

Isso não é tão incomum como pode parecer. Você pode perder o lugar por causa de desastres naturais, tempo ruim ou até mesmo obras. Sempre mantenha a possibilidade do quintal. Assim que receber a notícia, coloque os seus padrinhos para trabalhar, movendo mesas e cadeiras, montando tendas, fazendo o que precisar ser feito. Talvez não seja mais aquele casamento perfeito, mas isso poderá muito bem salvar a sua pele.

Você Não Quer Mais Se Casar Com Sua Noiva (ou Vice-Versa)

É fato: as pessoas mudam de opinião. Se você e/ou a sua noiva estiverem com dúvidas, enfrentem a situação com coragem. Falem sobre o caso, por mais doloroso que seja. Se ela concordar, procure uma terapia de casal e/ou adie o casamento. Não tome o comportamento da sua noiva, ou o seu, como realidade absoluta durante o noivado, porque não se trata da vida normal, e seria uma pena dissolver o relacionamento com base em falsas premissas.

Porém, se tiver certeza de que as coisas não funcionariam ou acreditar que há algo errado no âmbito emocional mais profundo, não se case. Livrar-se de um relacionamento depois de ter assinado um documento oficial é mais desgastante em todos os aspectos: prático, psicológico e legal.

ETAPA 4
A Cerimônia

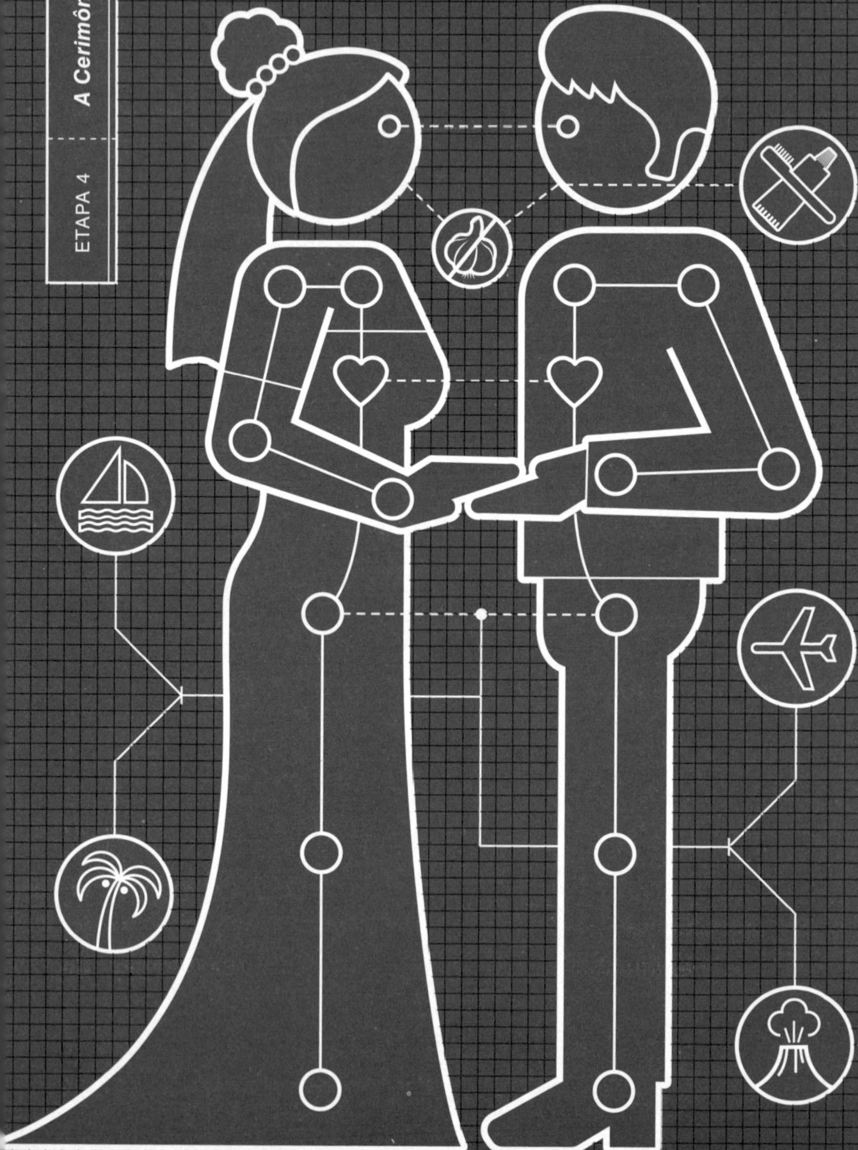

[Capítulo 4]

A Cerimônia

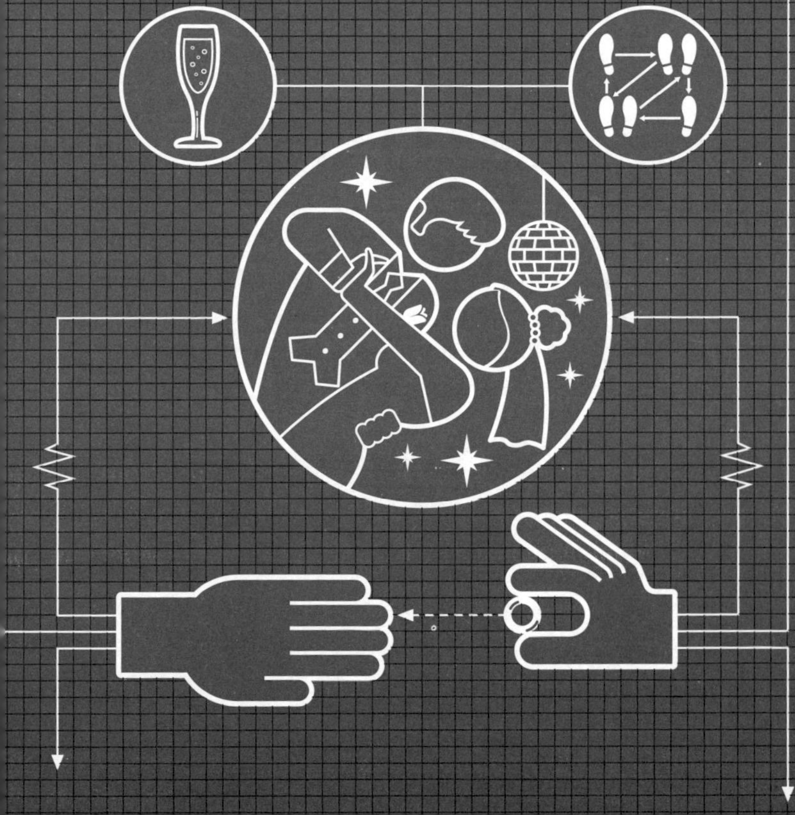

Você ficará surpreso com a relativa brevidade deste capítulo, mas há uma razão para que seja tão curto: assim como muitos eventos, os casamentos consistem principalmente em preparativos. A cerimônia em si é mais curta que um capítulo de telenovela. A festa durará quatro ou cinco horas, se bastante bebida for servida. A consumação da noite de núpcias durará, bem, muito menos do que a história que contará a seus amigos. Então, se tiver preparado tudo como descrito no Capítulo 3, você poderá aproveitar o seu grande dia, transformá-lo em um evento inesquecível e se divertir muito.

Bons Cuidados Pessoais

Assim como um ator, espera-se que você represente um papel no dia do seu casamento: o de você mesmo. Portanto, os preparativos para que isso aconteça deverão ser os mesmos de sempre. Você deverá seguir a sua rotina habitual de cuidados pessoais e apenas somar alguns detalhes necessários.

Cabelos. No dia do casamento, muitas mulheres recorrerão a um cabeleireiro profissional para que o penteado fique perfeito. Contudo, os cabelos de um homem que visitar o barbeiro no mesmo dia ficarão com aspecto recém-cortados. Para evitar essa circunstância inadequada, corte-os aproximadamente uma semana antes do grande dia. E, se possível, assegure-se de que essa pessoa já conheça seus cabelos e o seu estilo preferido. Não é hora de fazer experiências com um novo visual.

Se você é careca, calcule o número de dias antes da cerimônia que serão necessários para que seus poucos fios fiquem com uma altura adequada. Não tenha pressa com a lâmina de barbear; evite talhos, você não quer surpreender a todos como se tivesse saído do filme *Duro de Matar IV*.

Quanto aos pelos faciais, o melhor é apará-los de três a cinco dias antes do casamento, dependendo da velocidade de crescimento de seu bigode, barba ou costeletas. Para outros pelos visíveis – nariz, orelhas ou quaisquer outros –, certifique-se de apará-los adequadamente uns dois ou três dias antes do casamento.

Unhas. Mais do que o próprio noivo (marido), sua esposa estará desfilando a aliança em seu dedo e, com isso, também suas unhas. Ainda assim, seus dedos e mãos terão um papel importante no casamento, portanto, deverão estar apresentáveis. Cortar as unhas uma semana antes deve ser o suficiente. Caso tenha o hábito de roê-las, em vez de cortá-las, tente resistir ao máximo nas semanas anteriores ao grande dia.

Corpo. Tome banho e lave-se como se estivesse se preparando para um encontro, caso ainda se lembre de como é um. Use sabonete e esponja, mas não se esfregue até ficar vermelho como um pimentão.

Rosto. Caso já não tenha um bom barbeador, agora é uma boa hora de arranjar um. Faça a barba como faria normalmente e, se pretende usar alguma colônia pós-barba, faça-o mais de acordo com o gosto de sua noiva que com o seu. Há boas chances de que ela prefira menos aroma, independentemente de quão másculo seja, quando estiverem dizendo seus votos (a transpiração devido à ansiedade poderá tornar os odores mais intensos).

Nariz. Limpe-o antes do início da cerimônia. Se a sua noiva é mais baixa que você, ela talvez tenha uma vista direta das suas narinas, então tenha certeza de que elas estejam tão asseadas quanto o resto.

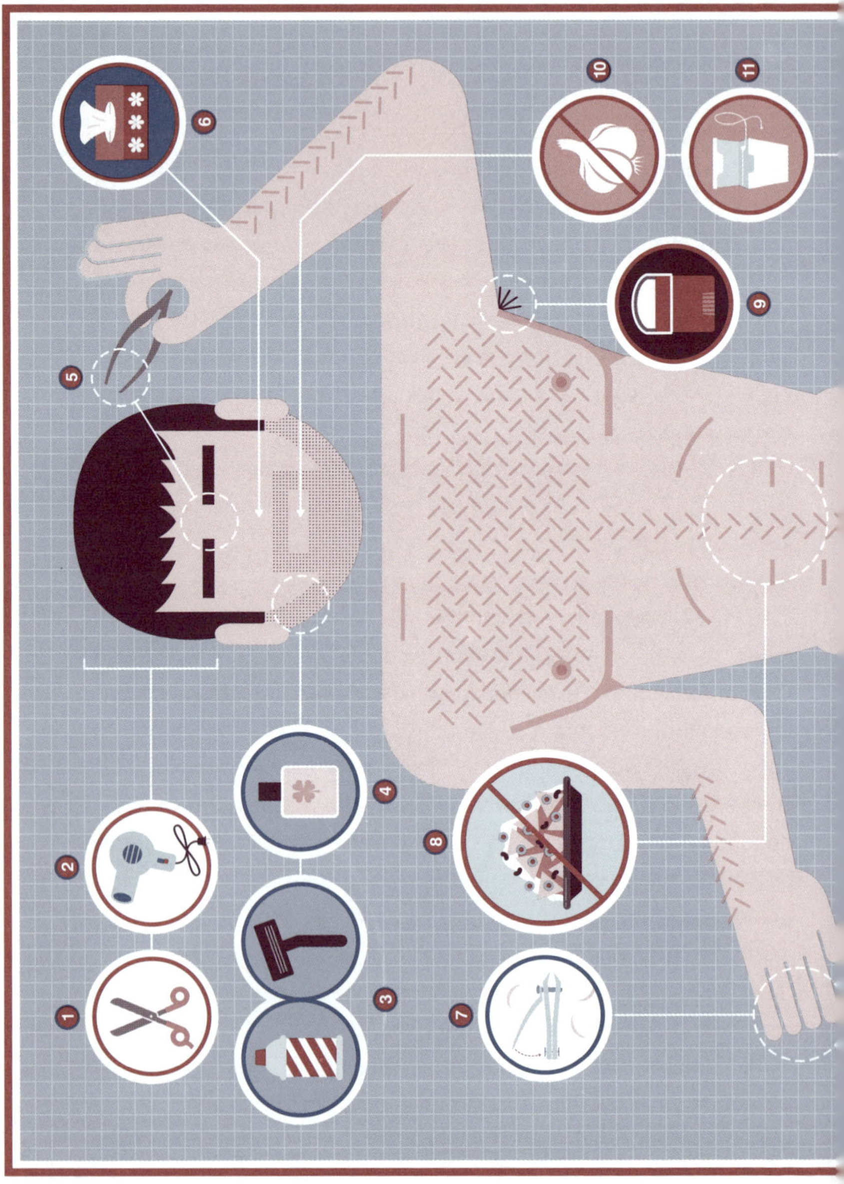
1
2
3
4
5
6
7
8
9
10
11

1 **CABELOS:** Corte-os uma semana antes
2 Adote um estilo conservador

3 **ROSTO:** Barbeie-se cuidadosamente
4 Aplique pouca colônia
5 Acabe com a junção entre as sobrancelhas

6 **NARIZ:** Limpe-o minuciosamente

7 **UNHAS:** Apare-as adequadamente

8 **DIGESTÃO:** Evite alimentos que causem gases

9 **AXILAS:** Aplique desodorante antitranspirante

10 **BOCA:** Evite alho e cebola
11 Passe fio dental
12 Escove os dentes e as gengivas
13 Gargareje com enxaguatório bucal
14 Leve pastilhas de menta no bolso (não barulhentas)

15 **BEXIGA:** Evite ingerir líquido em excesso

16 **CORPO:** Tome banho com sabonete

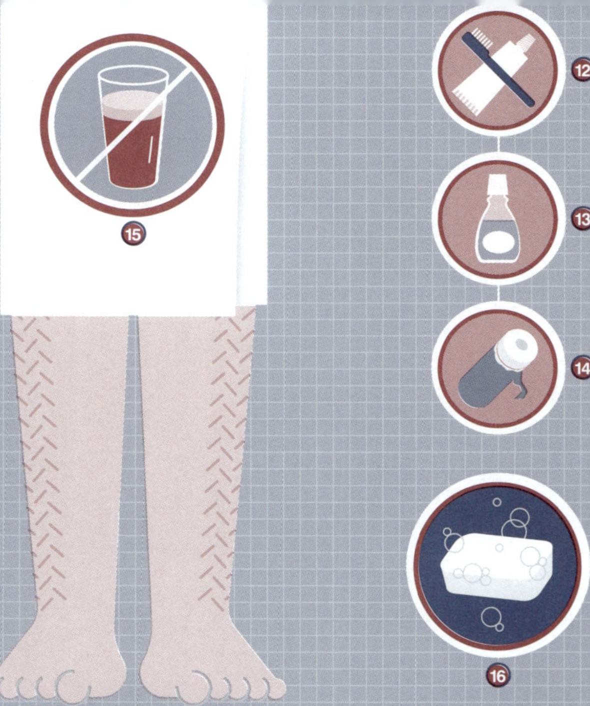

CUIDADOS PESSOAIS: Certifique-se de que todo o seu corpo fique limpo, aparado e/ou livre de fungos.

Boca. Evite cebola e alho no dia do casamento – você ficará horas falando com os convidados, sem contar as inúmeras vezes em que beijará a sua noiva. Escove os dentes, como parte da sua rotina de preparação. Considere usar um antisséptico bucal e bocheche pelos 30 segundos recomendados. Aconselhamos também que mantenha um estoque de pastilhas de menta no bolso para qualquer eventualidade. Apenas certifique-se de que não estejam em alguma embalagem de plástico ou metal, que faça barulho quando estiver no altar.

Axilas. Use o desodorante/antitranspirante da sua escolha, sabendo que os seus nervos e a vestimenta formal poderão levá-lo a suar mais que o normal. Caso não tenha esse hábito, use uma camiseta leve de algodão por baixo da camisa. Você irá caminhar e falar bastante, e essa camada adicional evitará que o suor chegue até a sua camisa social, além de mantê-lo aquecido.

Bexiga. Você estará nervoso e provavelmente beberá muita água para aliviar sua garganta seca. Apenas não o faça com tanta frequência, a ponto de não conseguir manter-se na cerimônia (aproximadamente 30 minutos, ainda que algumas possam demorar mais) sem ir ao banheiro.

Digestão. Antes da cerimônia, tome cuidado com tudo que tenha o potencial de bagunçar os seus intestinos. Ninguém gosta de um noivo com gases.

Planejando Seu Fim de Semana

Hoje em dia, é cada vez mais comum transformar o casamento em uma sequência de eventos conectados: a despedida de solteiro na quinta ou sexta-feira à noite, o casamento civil, a cerimônia religiosa, a festa no sábado e, às vezes, até mesmo um *brunch* no domingo. Essa agenda estendida dá oportunidade de fazer contato com os amigos, a família e, eventualmente, até com os demais convidados. Monte um cronograma para saber exatamente quando e onde terá de estar, mas não se esqueça de compartilhá-lo com seus padrinhos. Eles provavelmente conseguirão acalmá-lo se estiver à beira de um ataque de nervos. Falando nisso...

Relaxe, Respire, Vá Pescar

A maioria dos ensaios de casamento acontece no final da tarde ou no início da noite. Se tiver cumprido bem o seu trabalho, toda a preparação estará feita neste ponto e você terá o início do dia para ficar sentado pensando, se preocupando e tornando-se ainda mais estressado. Para prevenir que isso aconteça, peça a seus padrinhos para chegarem o mais cedo possível em sua casa e tente passar a manhã com eles fazendo algo bastante relaxante, como: jogar futebol, boliche, uma partida de tênis; assistir a um bom jogo na TV ou ouvir música. Abrace as distrações mais comuns. Apenas tome cuidado com a quantidade de álcool ingerida – você deve ter a mente absolutamente clara durante o ensaio, caso tenham planejado realizá-lo.

O Ensaio

Começaremos esta seção com um ponto muito importante: esta será a sua única oportunidade de ensaiar o seu casamento. Você, sua noiva e especialmente os seus padrinhos poderão sentir-se tentados a se deixar levar por piadinhas enquanto passam pelos movimentos da cerimônia – façam-no a próprio risco. No dia seguinte, desejará que todos entrem pelo corredor na ordem certa e que cheguem ao seu destino combinado sem tropeçar ou ficar parado feito bobo olhando para os lados sem saber onde se posicionar. Então, reduza as brincadeiras ao mínimo possível e preste atenção.

Caso esteja planejando que seus padrinhos usem roupas ou acessórios especiais, como gravatas, o ensaio é o momento propício para entregá-los; esperar até esse momento diminui o risco de que algum amigo mais desatento os perca ou manche. Se o ensaio for seguido de uma refeição com alto potencial para sujar ou danificar roupas (churrasco, espaguete etc.), talvez seja melhor esperar até a manhã seguinte.

Por fim, consulte seu celebrante para certificar-se de que tudo está em ordem para o casamento, pois essa é, sem dúvida, a última coisa com a qual vai querer se preocupar no dia da cerimônia.

Antes de Dormir

Não queremos assustá-lo, mas a sua vida mudará totalmente dentro das próximas 24 horas. Isso é o suficiente para manter um homem acordado a noite toda. De fato, se você for propenso a ansiedade, a noite que antecede o matrimônio será pior que a anterior à sua pior prova final – mil vezes mais. Felizmente, há alguns remédios.

Fale com sua noiva. Não vá para a cama sem antes dizer a ela o quanto ela significa para você. Isso o fará sentir-se bem, acalmará a mente de ambos e a deixará muito feliz.

Converse com seus amigos. Sim, você falará muito com eles durante o fim de semana do casamento. Continue assim, porque é para isso que estarão lá. Não é preciso conversar sobre as grandes questões existenciais; talvez seja até melhor não falar sobre assuntos sérios e específicos sobre o casamento.

Escreva uma carta, que provavelmente nunca entregará. Durante o namoro e o noivado, talvez tenha escrito algumas cartas à sua noiva – hoje à noite, escreva uma à sua esposa. Se quiser, poderá dar-lhe a carta no dia seguinte, ou não. Trata-se apenas de um exercício para lembrá-lo do porquê de estar dando esse passo monumental. Canalizar esses bons sentimentos para o papel poderá ajudá-lo a acalmar sua mente. Por outro lado, talvez esse exercício se torne tão entediante que cairá no sono.

ANTES DE SE DEITAR

1. Ligue para sua noiva
2. Converse com seus amigos
3. Escreva uma carta que provavelmente nunca entregará

O Grande Dia

Chegou a hora de encarar as doze ou dezesseis horas pelas quais esteve esperando durante os últimos, digamos, doze a dezesseis meses. Sem conhecer os detalhes específicos do seu evento, torna-se um pouco difícil aconselhá-lo a partir daqui. Contudo, a maioria deles se encaixará dentro da seguinte linha do tempo:

A Manhã

A maioria das pessoas não agendará nada cedo demais no dia do casamento por uma boa razão: precisará do tempo para descansar. Mesmo assim, não deixe de colocar o despertador para tocar ou de pedir a um de seus padrinhos que cuide para que você esteja pronto na hora certa.

Acredite em superstições. Há várias quando o assunto é casamentos. Por sorte, a maioria delas diz respeito à noiva. A mais conhecida é, sem dúvida, a que diz que você não deve ver sua futura esposa antes da cerimônia. Independentemente de achar isso uma bobagem, recomendamos que mantenha distância de sua amada. Ela certamente estará maravilhosa quando caminhar pelo corredor em direção ao altar; o momento se tornará ainda mais especial caso ainda não a tenha visto.

Cuide de sua dieta. Os alimentos que irá ingerir de manhã poderão ter um impacto monumental sobre o resto do dia. Comece com um café da manhã completo. Consuma proteínas, mas evite comidas problemáticas – qualquer uma que cause gases, indigestão, azia, mau hálito e outros males. Um chá e algumas bolachas podem ser uma boa opção, mas evite frutas com poder laxante, como o abacate e o mamão.

A Cerimônia

Você já ensaiou e sabe exatamente quando deverá andar, onde ficar e o que dizer. É provável que a essa altura esteja consciente (mas, mesmo assim, repetimos) de que todos os olhos estarão fixos em você - mesmo que por apenas alguns minutos, até a noiva entrar. Então, lembre-se:

- sorria;
- mantenha a postura ereta;
- conserve a cabeça erguida;
- permaneça com as mãos fora dos bolsos;
- evite ficar se remexendo;
- olhe nos olhos quando se dirigirem a você;
- use os nomes das pessoas ao falar com elas;
- não xingue, principalmente se estiver em uma casa de oração;
- fale claramente: tenha certeza de que o seu "sim" seja ouvido por todos.

Beijando a noiva. É um detalhe, mas lembre-se de que o seu casamento não é uma teledramaturgia. Talvez você ache difícil conter a paixão pela sua esposa, mas os seus convidados (e o celebrante) não querem ver uma demonstração explícita de amor. Guarde a cena picante para mais tarde.

LINHA DE RECEPÇÃO: Para evitar clichês e melhorar sua experiê

em relação a recepções, veja aqui algumas sugestões de boas-vindas.

A Recepção

Esta é a razão pela qual todos vieram. Está bem, algumas mulheres querem compartilhar suas lágrimas durante a cerimônia, mas a festa é onde estará a comida, as bebidas e a banda. Então é lá que todos os outros estarão também. Este é o seu momento de glória. Todos irão felicitá-lo, apertar a sua mão, dar-lhe conselhos, elogiar o seu desempenho e buscar-lhe uma bebida. É bastante excitante, portanto aproveite a adoração enquanto durar.

⚠ ***Cuidado:*** *Você estará falando muito, suando muito e todos os convidados estarão dispostos a brindar-lhe com um drink. Observe seus limites e não beba até ultrapassá-los. Um noivo animado e exuberante tem o seu charme, mas ninguém quer vê-lo bêbado.*

Contrate "encarregados". Como celebridade, o seu tempo será valioso demais para ter de lidar com um único parente que exija sua atenção constante e/ou com um convidado bêbado e disposto a lhe contar cada um de seus pensamentos sobre como o seu casamento se relaciona com a situação política mundial. Infelizmente, nem sempre você poderá se safar de uma situação como essa sem que alguém se sinta ofendido. É aí que entram os seus padrinhos. A sua escolta esteve ao seu lado durante todo esse tempo, nas alegrias e nas tristezas, e agora deverá salvá-lo de conversas tediosas ou de qualquer outra situação nociva. Estabeleça sinais de comunicação para alertar aos seus padrinhos; "ajustar a gravata" poderia significar "encontre uma desculpa para me livrar desse cara". Em situações desse tipo, algum dos seus padrinhos aparecerá imediatamente para resgatá-lo, explicando que a sua presença é necessária em outro lugar.

A PRIMEIRA DANÇA DO CASAL

PROTOCOLO:

1. Converse quando necessário
2. NÃO banque o robô
3. Utilize a "valsa quadrada" se todo o resto falhar

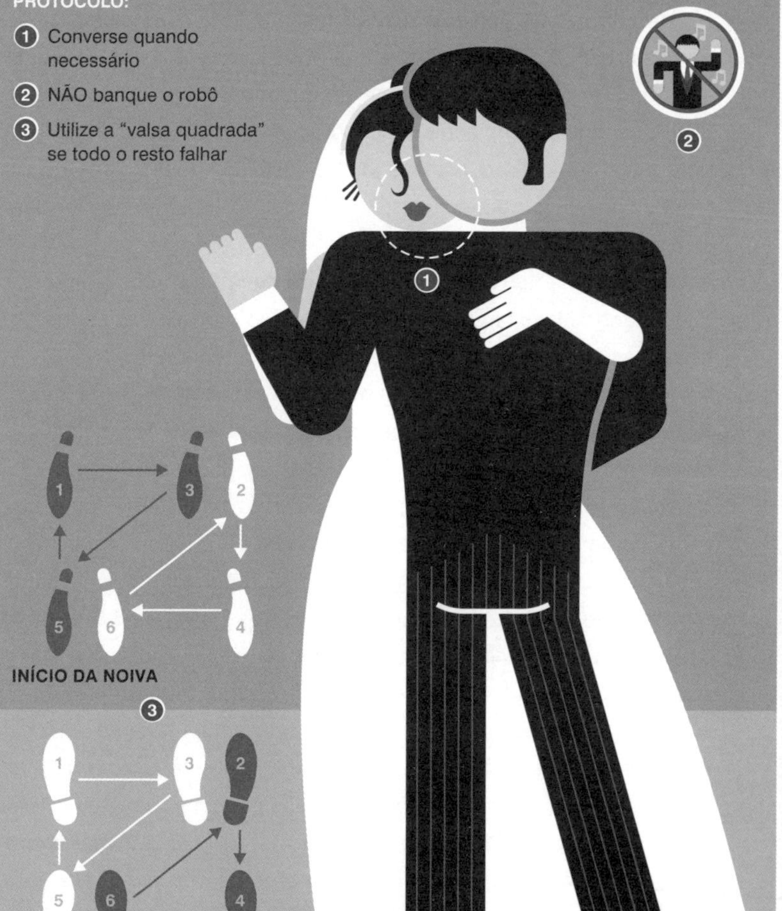

A primeira dança. Talvez a única situação ainda mais aterrorizante que estar de pé diante de Deus, e de todos os seus parentes e amigos, seja ter de dançar na frente do mesmo público arrebatado. É claro que alguns simplesmente pegarão as suas noivas e as guiarão pela pista como Fred Astaire. Mas o resto de nós dependerá de alguns conselhos bem simples.

- **Aplique o que aprendeu nas aulas de dança.** Se você leu o capítulo anterior e teve tempo de procurar auxílio profissional, certamente será capaz de dar os passos básicos. Caso contrário...
- **A valsa "quadrada".** Este certamente não é o nome oficial da dança. Trata-se de um passo padrão para ser usado em casos de emergência: passo à direita, passo atrás, passo à esquerda, passo adiante.
- **O balanço.** A ideia não é resgatar as danças lentas tão comuns nos bailinhos da adolescência, mas não há nada de errado em abraçar a sua noiva e se entregar a um suave balanço. Isso não requer mais que um movimento básico de um lado para o outro, e talvez ainda lhe renda a fama de um romântico incurável. Contudo, esteja avisado de que a sua noiva poderá exigir mais de você do que essa saída estratégica.
- **Fale sobre o assunto.** Se ela permitir, conversem durante a dança. Isso não somente o distrairá da vergonha que está passando, mas também ela poderá lhe dar uns conselhos enquanto dançam.
- **Não seja engraçadinho.** Está pensando em insinuar um *break dance* só para fazer graça do fato de que é um péssimo dançarino? Não faça isso. Você não ganhará nenhum ponto com a sua noiva ao retornar ao seu hábito infantil de bancar o palhaço para evitar um embaraço.

Pare um momento para apreciar os arranjos florais. Casamentos são parecidos com a gravidez: meses de desconforto que culminam em dores incríveis, seguidas de total alegria – tudo isso para a mulher. O homem apenas anda de um lado para o outro, confuso, excitado e perturbado. Em meio a toda essa turbulência, pode ser difícil manter a importância da ocasião em mente. Você provavelmente estará cansado e, definitivamente, muito ocupado. Caso a euforia pós-cerimonial se esvaia rápido demais, não se acanhe por fazer uma pausa rápida. Dê uma olhada nas redondezas. Coma uns aperitivos. Tranque-se no banheiro. Faça aquilo que funcione para você. Apenas não deixe de apreciar o momento – e certifique-se de que a sua noiva faça o mesmo. Seria uma imensa pena se vocês dois acabassem o dia sem terem se divertido. E, falando em diversão...

A Noite de Núpcias

Independentemente de o seu casamento se tornar a festa do século ou um pesadelo a ser esquecido, repleto de momentos embaraçosos, chegará a hora de dizer adeus aos seus convidados e se retirar para algum aposento privado acompanhado apenas da mulher que você ama. O primeiro momento de intimidade entre marido e mulher é bastante mistificado e, graças às câmeras de vídeo e à internet, é também largamente documentado pelos xeretas de plantão. Entretanto, depois de toda a excitação permanente das últimas doze a 72 horas, esse momento de absoluto silêncio apresenta seus próprios desafios.

A NOITE DE NÚPCIAS (PARA VIRGENS)
(Fig. A)
12:02AM
(Fig. B)
12:06AM

Virgens

Caso você se encontre entres os raríssimos exemplares do sexo masculino que adentram o matrimônio sem experiência prévia do amor carnal, as descobertas que está prestes a fazer vão além da proposta deste livro. Nesse caso, sugerimos que encontre um manual de instruções adequado para se preparar. Contudo, oferecemos aqui um conselho: reduza as suas expectativas. Será um momento mágico do qual você nunca se esquecerá, mas é importante lembrar-se de que será ainda apenas um momento. Com a prática, tudo tende a ficar melhor.

Todos os Demais

Já tendo experimentado esse momento mágico, provavelmente com a mulher que agora é a sua esposa, talvez você seja derrotado por outra sensação: a fadiga. Depois de passar o fim de semana entretendo convidados e se preocupando com os últimos detalhes, você ainda teve de enfrentar o grande dia vestido com um terno completo, uma gravata no pescoço e sapatos desconfortáveis. Enquanto isso, sua esposa foi obrigada a encarar extenuantes sessões com o cabeleireiro e o maquiador e, posteriormente, vestir-se com um traje superajustado e pesadíssimo com o qual permaneceu por várias horas. Ambos passaram o dia todo fazendo juras, encontrando e recebendo pessoas, dançando, brindando, posando para fotos e muito mais. O que vocês não fizeram? Alimentar-se e hidratar-se adequadamente e relaxar. Talvez nada disso importe quando você carregar a sua esposa pela porta do quarto e os dois ficarem mais confortáveis. Mas, se a vontade de fazer sexo não os acometer, não fiquem constrangidos. Apenas estejam preparados para tal eventualidade.

A NOITE DE NÚPCIAS (TODOS OS DEMAIS)

① Bebidas geladas ② Hidratação ③ Refeição

④ Presente de aniversário número zero ⑤ Câmera de alta definição (para a posteridade)

Adereços

Para evitar que a primeira noite do seu matrimônio se pareça demais com as noites normais, tenha à disposição alguns acessórios espalhados pelo quarto, antes da sua chegada. Esperamos que ainda esteja razoavelmente sóbrio, de modo que você e a sua noiva possam dividir uma garrafa de champanhe. Ou, talvez, apenas queiram se hidratar com alguns copos de água. Planeje com antecedência para que um padrinho ou madrinha providencie a entrega de uma refeição completa para o casal. Você ficará surpreso ao perceber que mal teve tempo de reparar na comida que foi servida na festa e ficará extasiado em recebê-la.

O mais importante é que você tenha o presente de aniversário número zero de casamento à mão. Mesmo se a sua esposa já estiver desconfiando, ela apreciará a surpresa; é possível que sua excitação a deixe mais inclinada a consumar o "ato". Além desses essenciais, você deve preparar surpresas adicionais, com base no seu relacionamento e na personalidade de sua esposa. Lingerie é um clássico, mas, na maioria das circunstâncias, não deve ser o seu presente de casamento. Encontre algo de que ela realmente goste e que seja significativo. Flores também contribuem para o clima, e, mais uma vez, deve escolhê-las ao gosto de sua mulher – não deixe que um florista lhe venda sua própria ideia de romantismo. Certifique-se de que a câmera esteja preparada, com baterias novas e um tripé estável, caso tenha planos de ficar com algo mais que somente boas memórias da ocasião.

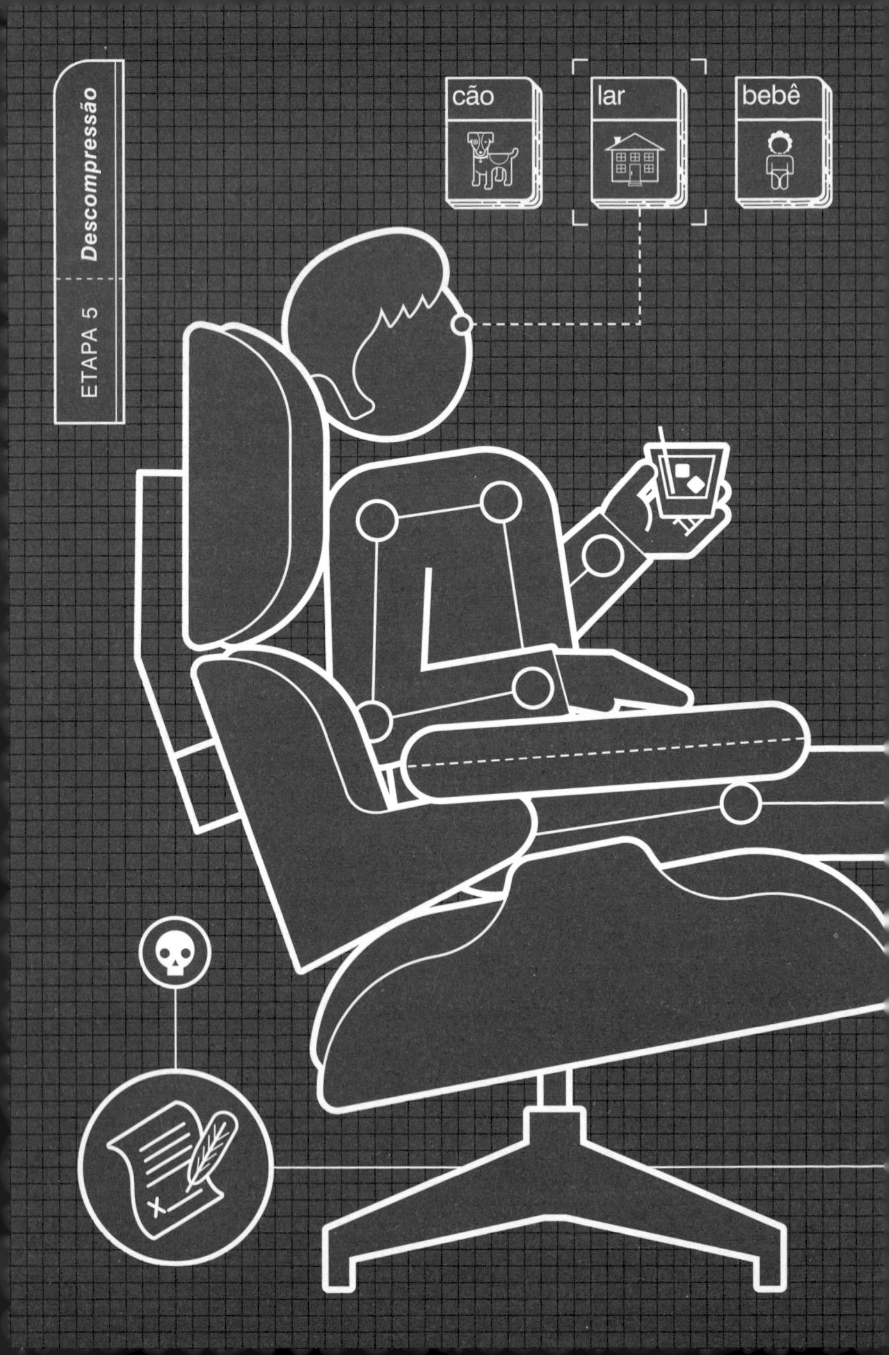
ETAPA 5
Descompressão
cão
lar
bebê

[Capítulo 5]

Você Está Casado: E Agora?

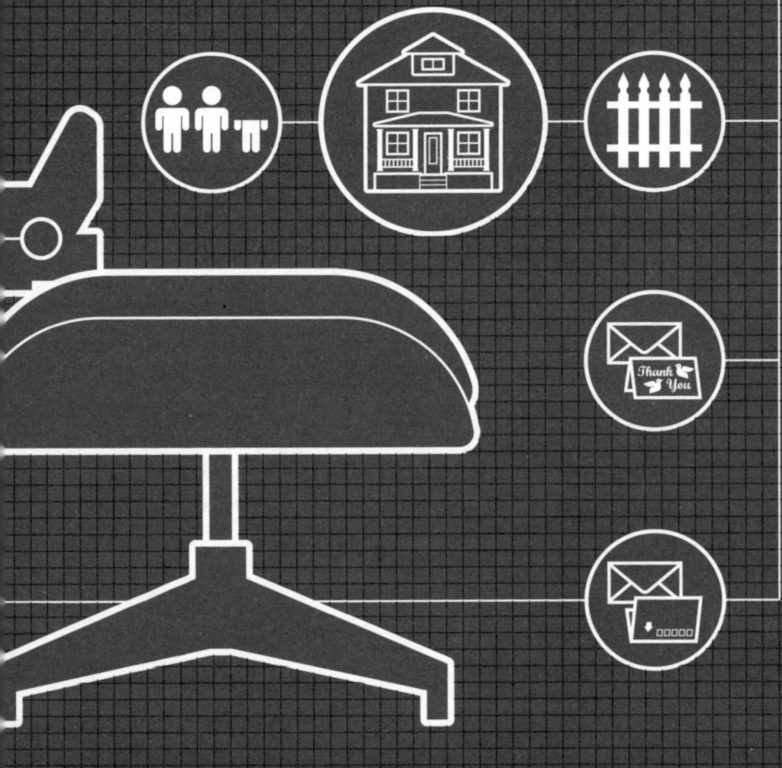

Para você e sua noiva, casar-se foi parecido com a experiência das crianças famosas na indústria do entretenimento: por um breve e glorioso momento, você foi uma celebridade. Todo o mundo queria apertar a sua mão, e as pessoas lhe deram presentes, simplesmente por ter sido o "seu dia". Para onde quer que fosse, brindavam à sua saúde, fotografando-o e filmando-o.

Entretanto, agora você voltou a ser um reles mortal. Atores mirins tradicionalmente se entregam às drogas, ao álcool, ao crime ou à religião para amortecer a sua volta ao ostracismo. Recomendamos que tome medidas menos impactantes e/ou drásticas quando você e sua esposa – sim, sua esposa – começarem sua nova vida.

O "Pós-festa"

Então você voltou bem descansado e bronzeado da melhor lua de mel que um casal poderia desejar – mas, acredite, a cerimônia ainda não terminou. É bem provável que ainda tenha de enfrentar uma ou mais das seguintes tarefas:

- **Planejar a "pós-festa".** Como se a despedida de solteiro, a cerimônia e a festa ainda não fossem suficientes, alguns casais fazem uma "pós-festa" (geralmente em uma de suas cidades natal) para aqueles que não puderam estar presentes no casamento. É bastante provável que a sua mãe ou sua sogra fique encarregada do planejamento desse evento e, nesse caso, você terá pouco a fazer, a não ser comparecer.

- **Escrever cartões de agradecimento.** Escrever um cartão a cada pessoa que tenha lhe dado um presente é um gesto atencioso, e – a não ser que a sua esposa queira se incumbir de toda a tarefa – você terá de fazê-lo, principalmente em relação aos seus amigos e o seu lado da família. Comece a praticar a sua caligrafia assim que possível.
- **Avaliar as fotos e os vídeos do casamento.** O fotógrafo lhe enviará centenas de fotos ; dependendo do combinado, ele lhe pedirá para escolher as favoritas, que serão ampliadas e colocadas em um álbum. (Também poderá receber apenas arquivos digitais ou negativos de todas as fotografias para que você mesmo crie o álbum.) De qualquer maneira, isso demanda trabalho, mas este é um que você e sua noiva gostarão de fazer juntos. Quanto ao vídeo, é provável que receba apenas a edição final. Contudo, talvez você queira assumir o papel de produtor e dizer ao diretor quais cenas devem ser cortadas ou estendidas.
- **Pagar contas.** Poucos noivos escapam de um casamento sem ter de pagar algumas contas. Talvez sejam pequenas, ou absurdamente altas. Em todo caso, faça um plano para pagá-las sem atrasos. Pior que começar um casamento com uma anulação é iniciá-lo cheio de dívidas.
- **Resolva quaisquer questões legais imediatamente.** Se o seu casamento terminou em brigas, danos ou roubo de equipamentos, nudez pública e embriaguês, uma limusine submersa em um pântano ou todas as alternativas anteriores, trate de resolver eventuais pendências com a lei imediatamente, e lembre-se: a única informação que deverá mudar em sua ficha depois do casamento é o estado civil.

PREPARANDO UMA NOTA DE AGRADECIMENTO

Querido/Querida_______________________,

(A) Ficamos muito felizes com sua presença em nosso casamento!

(B) Ficamos muito tristes por sua ausência em nosso casamento. Foi um dia maravilhoso, e você/o senhor/a senhora fez muita falta.

(A) Muito obrigado pelo(a) _____________. Era exatamente disso que estávamos precisando para completar o(a) nosso(a) _____________.

(B) Muito obrigado pelo seu presente generoso de R$______. Fizemos bom uso dele, comprando _____________.

(A) Esperamos revê-lo(a) em breve – talvez no/na/em _______________.

(B) Não poderíamos desejar um presente de casamento mais [CRIATIVO/ORIGINAL/GENEROSO].

(A) Tudo de bom,

(B) Com todo o nosso amor,

____

⚠ ***Atenção:*** *Você provavelmente convidará ao menos uma pessoa que não dará nenhum presente. Se isso acontecer, agradeça pela presença mesmo assim. Agora que está casado, precisa se acostumar a manter uma atitude cortês.*

Sua "Nova" Esposa

Você mal se acostumou a chamar sua namorada de "minha noiva" e agora terá de chamá-la de "minha esposa". Essa transição pode ser mais difícil do que acredita - em certas ocasiões, talvez até mesmo se refira a ela como "aquela mulher com a qual acabei de me casar", porque as palavras "minha esposa" são difíceis demais de se dizer em voz alta. Com o tempo isso passará. Logo irá se tornar natural tratá-la por "minha esposa" - não porque ela o seja, mas porque é o que você espera que ela seja. Aqui estão algumas ideias para dar início à sua nova vida como casados.

Readapte-se à Sociedade

Assim como veteranos de guerra podem sentir dificuldades para se adequar à vida fora do pelotão, talvez você sinta que voltar ao trabalho e ao lar, sem responsabilidades relacionadas ao noivado, seja uma adaptação trabalhosa. "Onde está o caos?", você irá se perguntar. Bem, o caos se foi, pelo menos até que comece a ter filhos. Esse anseio por confusão é a razão de termos sugerido, no Capítulo 3, que, mesmo que você e sua esposa não tenham dinheiro para uma lua de mel completa, façam pelo menos um relaxamento pós-nupcial antes de voltar ao cotidiano. Viagens de núpcias são como uma reabilitação para os noivos exaustos após o casamento, e é bom você levar seu processo de desintoxicação a sério.

Recupere a Mulher que Você Ama

Lembre-se de que sua esposa também está passando por uma transição complicada, pois ela teve suas forças consumidas pela adrenalina e euforia dos preparativos. Tudo isso é fruto dos meses de antecipação pré-casamento. Em outras palavras, a noiva com a qual aprendeu a lidar durante o tempo que antecedeu o matrimônio está perecendo lentamente e é provável que essa morte não aconteça sem algumas complicações. A sua melhor estratégia será continuar lidando com ela do mesmo jeito enquanto tenta fazê-la compreender que aqueles dias tumultuados se foram e agora ela se transformou em alguém completamente nova: uma esposa. Faça-a dormir até tarde nos finais de semana. Compre-lhe uma caixa de bombons ou algo de que ela vinha se privando durante o noivado. Leve-a para um passeio. Faça o que achar que a ajudará a se sentir especial, de um jeito diferente do que ser uma noiva a fazia sentir.

Voltem a Ser Como Eram (Enfim!)

A boda foi o momento dela, mas o matrimônio pertence a vocês dois, certo? O desfecho pacífico de todas as guerras ao redor do mundo está a apenas um passo de distância. É fato que o jeito único de cada um pode levar a infinitas dinâmicas no matrimônio; contudo, você pode esperar que a maioria delas faça parecer que está errado, e que sua esposa está certa.

Se você pensa que essa noção existe apenas nas telenovelas, espere até estar casado por alguns meses e observe como tudo acontece. Talvez você tenha sorte e consiga manter um relacionamento no qual pequenas desavenças sejam incomuns. É possível até que quando desacordos ocorrerem, você seja capaz de dar a volta por cima como sua esposa. A realidade é que as mulheres, independentemente de idioma ou cultura, têm uma habilidade incrível de fazer com que as discussões se voltem a seu favor. Mesmo que ela esteja totalmente enganada; mesmo que todos reconheçam os erros na argumentação dela - ainda assim, a chance de ela sair ganhando é de duas para uma.

Em vez de lutar contra esse fato inevitável, recomendamos que o aceite. Se a sua mulher quer continuar no papel de pessoa responsável que sempre tem alguma opinião sobre tudo, desde contas de energia elétrica até compras no supermercado e a cor do tapete da sala, deixe-a se divertir. E compre para si mesmo uma poltrona confortável.

Caia na Real

Não espere, contudo, que terá a oportunidade de descansar nessa poltrona tão cedo. Depois de um casamento tumultuado, é bastante fácil deixar que pequenas indisposições imperem sem nem sequer percebê-las. Para evitar a ansiedade de achar que cometeu um erro depois de apenas alguns meses de matrimônio, procure comportar-se como se ainda não tivesse se casado. Leia as sugestões da seção "Mantenha o Romance Vivo" ou improvise à sua maneira.

Governança Geral

Além dos desafios psicológicos de adaptação à vida de casado, algumas atitudes de cunho prático deverão ajudá-lo a legitimar seu casamento.

Brincando de casinha. Caso vocês já não morassem juntos, antes de mais nada, pedimos que Deus o ajude. Em segundo lugar, lembre-se de seguir esta regra muito simples: deixe a sua esposa cuidar da decoração interior e concentre-se em mover as caixas. Alguns homens talvez tenham um problema com a mulher assumindo o controle da casa a tal ponto. Se você realmente tiver os antecedentes adequados (ou seja, se for decorador de interiores ou arquiteto), então certamente deverá ter algo a dizer sobre a decoração do seu novo lar. Caso contrário, não entre em uma batalha perdida. Sua esposa ficará com todo o crédito (ou a culpa) pela sua casa, independentemente de como se sinta, então é mais vantajoso permitir que ela realmente os mereça.

Conta conjunta. Caso já não o tenha feito, considere abrir uma conta-corrente e/ou poupança em nome de ambos. De fato, se sua esposa adicionou o seu sobrenome ao nome dela, será melhor vocês terem uma conta-corrente conjunta para depositar os cheques que receberam como presente de casamento. Esperamos que, se vocês são próximos o bastante para dividir a mesma cama todas as noites, sejam unidos o bastante para terem uma conta conjunta.

Reveja a sua situação fiscal. O casamento pode implicar alterações fiscais: algumas boas, outras ruins. Não hesite em consultar um contador e conversar sobre possíveis mudanças no imposto de renda que sua nova condição civil pode trazer.

Atualize apólices de seguros e/ou testamentos. Pois é, eles não se atualizam automaticamente somente porque você se casou. Se existe algo que você deseja que sua esposa receba com o mínimo de interferência governamental ou judicial, certifique-se de anotá-lo em seu testamento e em sua apólice de seguro de vida. No entanto, se a situação já não estiver muito boa e você quiser evitar que a sua esposa lhe dê o golpe do baú, consulte seu advogado ou faça um testamento especificando que seus últimos desejos não incluem extensos processos jurídicos.

Pense no futuro. Sim, esta sugestão é bastante ambígua, e está aqui apenas para deixá-lo maluco.

Felizes Para Sempre

Chegou a hora de dizer adeus. Esperamos que você tenha se divertido no seu casamento. Sua nova esposa é uma pessoa totalmente diferente de sua noiva ou namorada, com características únicas, que você logo descobrirá – mas isso é tema para outro livro. Basta dizer que o melhor será manter a sua esposa feliz, assim como ela deverá fazer o mesmo por você. Nos dias de hoje, com divórcios a jato e uniões estáveis informais, isso pode ser um grande desafio. Ápos planejar e sobreviver ao seu casamento, você terá adquirido uma enorme experiência, e isso o tornára um homem melhor.

Temos uma última sugestão: comece logo a pensar no presente do primeiro aniversário de casamento, pois ela perceberá se o deixar para o último minuto.

PRESENTES PARA BODAS DE CASAMENTO

ANOS	TRADICIONAL	MODERNO
1	Papel	Relógio de parede
2	Algodão	Porcelana
3	Trigo ou Couro	Cristal
4	Frutas e Flores ou Cera	Eletrodoméstico
5	Madeira ou Ferro	Prataria
6	Perfume ou Açúcar	Peça entalhada em madeira
7	Lã ou Latão	Uma peça decorativa
8	Papoula ou Barro	Linho ou Renda
9	Cerâmica ou Vime	Couro
10	Estanho ou Zinco	Joias
15	Cristal	Relógio de pulso
20	Porcelana	Platina
25	Prata	Prata
30	Pérola	Joia com pérola(s)
35	Coral	Jade
40	Rubi ou Esmeralda	Rubi
45	Platina ou Safira	Safira
50	Ouro	Ouro
60	Diamante ou Jade	Diamante

[Apêndice]

Informações de Contato

Use esses formulários para anotar informações de papel importante no seu casamento. Tente obter

PAIS DO NOIVO

Sr. ○ Dr. ○ ____ ○ & Sra. ○ Dra. ○ ____ ○

Endereço	Cidade

Estado	País	Código Postal

TEL		
TEL ☐☐-☐☐☐☐-☐☐☐☐	○ RES. ○ CEL	○ COML. ○ FAX
TEL ☐☐-☐☐☐☐-☐☐☐☐	○ RES. ○ CEL	○ COML. ○ FAX
TEL ☐☐-☐☐☐☐-☐☐☐☐	○ RES. ○ CEL	○ COML. ○ FAX
TEL ☐☐-☐☐☐☐-☐☐☐☐	○ RES. ○ CEL	○ COML. ○ FAX
TEL ☐☐-☐☐☐☐-☐☐☐☐	○ RES. ○ CEL	○ COML. ○ FAX

E-mail (Pai)	E-mail (Mãe)

ontato das diversas pessoas e lugares que irão desempenhar
o número do celular de cada um para manter comunicação direta.

PAIS DA NOIVA

Sr. Dr. ____ & Sra. Dra. ____

Endereço | Cidade

Estado | País | Código Postal

TEL __ – ____ – ____ RES. COML. CEL FAX

TEL __ – ____ – ____ RES. COML. CEL FAX

TEL __ – ____ – ____ RES. COML. CEL FAX

TEL __ – ____ – ____ RES. COML. CEL FAX

TEL __ – ____ – ____ RES. COML. CEL FAX

E-mail (Pai) | E-mail (Mãe)

Informações de Contato

Use esses formulários para anotar informações de papel importante no seu casamento. Tente obter

PADRINHO

Sr. Dr. ____

TEL [ ][ ]-[ ][ ][ ][ ]-[ ][ ][ ][ ] RES. COML. CEL FAX

TEL [ ][ ]-[ ][ ][ ][ ]-[ ][ ][ ][ ] RES. COML. CEL FAX

E-mail

MSN/Skype

MADRINHA

Sra. Dra. ____

TEL [ ][ ]-[ ][ ][ ][ ]-[ ][ ][ ][ ] RES. COML. CEL FAX

TEL [ ][ ]-[ ][ ][ ][ ]-[ ][ ][ ][ ] RES. COML. CEL FAX

E-mail

MSN/Skype

ontato das diversas pessoas e lugares que irão desempenhar
número do celular de cada um para manter comunicação direta.

CELEBRANTE

Título | Nome

Congregação

Endereço | Cidade

Estado | País | Código Postal

TEL [ ][ ] – [ ][ ][ ][ ] – [ ][ ][ ][ ] ◯ RES. ◯ COML. ◯ CEL ◯ FAX

ORGANIZADOR(A) DO CASAMENTO

Sr. ◯ Sra. ◯

TEL [ ][ ] – [ ][ ][ ][ ] – [ ][ ][ ][ ] ◯ RES. ◯ COML. ◯ CEL ◯ FAX

TEL [ ][ ] – [ ][ ][ ][ ] – [ ][ ][ ][ ] ◯ RES. ◯ COML. ◯ CEL ◯ FAX

Informações de Contato

Use esses formulários para anotar informações de papel importante no seu casamento. Tente obter

MÚSICA/ENTRETENIMENTO

BANDA ◯ DJ ◯ CANTOR(A) ◯

Site | **E-mail**

TEL ☐☐-☐☐☐☐-☐☐☐☐ ◯ **RES.** ◯ **COML.** ◯ **CEL** ◯ **FAX**

FOTÓGRAFO(A)

Nome/Empresa | **Site**

TEL ☐☐-☐☐☐☐-☐☐☐☐ ◯ **RES.** ◯ **COML.** ◯ **CEL** ◯ **FAX**

CINEGRAFISTA

Nome/Empresa | **Site**

TEL ☐☐-☐☐☐☐-☐☐☐☐ ◯ **RES.** ◯ **COML.** ◯ **CEL** ◯ **FAX**

ontato das diversas pessoas e lugares que irão desempenhar
número do celular de cada um para manter comunicação direta.

BUFÊ

Empresa | Contato

Endereço | Cidade

Estado | País | Código Postal

TEL ☐☐ - ☐☐☐☐ - ☐☐☐☐ ○ RES. ○ COML. ○ CEL ○ FAX

FLORISTA

Empresa | Contato

Site

Endereço | Cidade

Estado | País | Código Postal

TEL ☐☐ - ☐☐☐☐ - ☐☐☐☐ ○ RES. ○ COML. ○ CEL ○ FAX

Índice

A

acessórios 106, 114, 170, 183
adereços 183
agradecimento 187, 188
ajoelhar 33
alfaiate 108, 110
aliança 18, 23, 32, 38, 76, 89, 134, 135, 139, 165
anéis de noivado 18, 20, 22-24, 26, 89, 134
aniversário de casamento 26, 193
aniversário número zero 141
arranjos florais 39, 72, 139, 179
avós 89, 127-129

B

bandas *cover* 116
bêbados 77
beijando a noiva 173
black tie (*smoking*) 109
bodas 194
bufê 137, 141, 201

C

características
  de personalidade 53, 56, 58, 61, 62, 64, 68, 71, 72, 75, 77
  físicas 52
cartilha de personalidade 52
cartões de agradecimento 187
casamento,
  bandas de 115-117, 141
  certidão de 136
  magnitude da festa de 42
  presentes de 64, 135
  tradições de 45, 48, 65-67, 78, 84
  votos de 145, 147, 148
  organizadores de 79, 81
celebrante 47, 82, 84-87, 128, 129, 134, 136, 143, 148, 170, 199
cerimônia 38, 39, 42, 84-86, 95, 115, 119, 124, 170, 173
checklist
  de fotografias 128
  de noivado 40, 46
claridade 21, 22
clichê 118, 152, 174
completa-enxovais 98-100
compromissos 13, 42, 77, 99, 131, 133
conjunta, conta 133, 192
consequências 14, 88, 99, 159
convites 99, 160
cores 39, 111, 114
corte 19, 21, 22
cortejo 118, 124
crianças não supervisionadas 89
cuidados pessoais 164, 167

D

dançar 116, 138, 178
data
 do casamento 31, 40-42, 46
 de noivado 31
despedida de solteiro 75, 76, 154, 155, 157, 169
diamante 19, 20, 22-24, 194
dias especiais 31
dieta 145, 172
DJs 115-118
dúvidas 39, 47, 68, 107, 161

E

emergência,
 situações de 55, 159, 160, 178
encarregados 176
ensaio 169, 170, 173
escolhendo 25, 139
ex (namoradas e namorados) 90

F

fadiga 181
favoritas 118, 139, 187
festa
 de casamento 95, 103, 115, 116, 140
 judaica 121, 124
filhos 15, 49, 56, 189
filmagem 130, 131
fim de semana 30, 140, 152, 155, 169, 171, 181
fiscal,
 situação 192
formulários 196, 198, 200
fotografia 107, 126-128, 139, 187

G

gorjetas 141

I

igreja 48, 82, 84, 119, 141
imprevistos 88
informações de contato 196, 198, 200
interiores,
 decoração de 192
intervalos musicais 117, 119, 124

L

lembrancinhas de casamento 140, 141
linha de recepção 174
lista
 de convidados 90, 94-96, 100, 160
 de presentes 99, 135
lua de mel 148-150, 152, 153
lugar ideal,
 encontrando o 28
lugares,
 plano de distribuição de 102, 104

M

madrinhas 47, 79, 102, 110, 128

manhã
do casamento 172
marido/esposa 120, 165, 179
mulher que você ama, a 17, 40, 49, 51, 52, 57, 179, 190
música 116-118
para se evitar 123

N

noite
anterior ao casamento 158
de núpcias 164, 179, 180, 182

O

opcionais (convidados) 98
orçamento 95, 108

P

padrinhos 38, 47, 48, 74, 79
pais,
pedindo a mão aos 26
papel do noivo 38, 117, 164
parentes bêbados 77
pedidos de casamento em público 30
pedindo (em casamento) 31, 33
penetras 90
peso 19-22
planejamento
casamento 40, 41, 63, 79, 94
pós-festa 186
pré-avaliação 12, 41
pré-nupcial,
acordo 131-133
preparando o palco 27
presente
número zero 139, 141
presentes 141, 194
primeira dança 120, 124, 138, 177
princípios (diamantes) 19
processos jurídicos 193

Q

questionário
de pré-avaliação do casamento 12
quilates 19-22

R

razão,
sua noiva sempre tem 39
real,
caindo na 191
recepção 46, 47, 125, 134, 176
romance,
mantendo vivo o 144

S

se ela disser não 34
seguros,
apólices de 193
sinagoga 45, 141
sogra 64-67, 186
sogro 68-70, 97
supermãe 67

superproativa 65, 66, 71
superstições 172

T

tamanho 78
telão 27, 28, 30
temáticos,
  trajes 114
terapia de casal 143, 161
terno 108-112
testamento,
  atualização de 193
trajes 106, 108, 109, 113
transformação psicológica 110

U

uniforme 106, 107, 113

V

viagem 43, 144, 149, 151-153, 155
virgens 180, 181
votos (veja *casamentos, votos de*)

Sobre o Autor

SHANDON FOWLER foi o intrépido copiloto de um "casamento tradicional sulista", na cidade natal de sua esposa, Beaufort, Carolina do Sul. A cerimônia foi realizada perante quinhentos amigos e familiares – sendo que a proporção de convidados da noiva para os do noivo era de oito para um. A festa ocorreu sob um gigantesco carvalho no jardim da sogra (um cenário idílico que ajudou a baratear os custos). Dependendo da pessoa para quem se pergunta, foi o casamento perfeito, ou uma experiência traumática da qual levará anos para se recuperar. Shandon vive no Brooklyn, em Nova Iorque, com sua esposa, Sydney, e seu filho, Spence.

Sobre os Ilustradores

PAUL KEPPLE e **JUDE BUFFUM** são mais conhecidos por atuarem no estúdio **HEADCASE DESIGN** na Filadélfia. O trabalho desses artistas está presente em várias publicações, como a Aiga 365 (American Institute of Graphic Arts) e 50 Books/50 Covers [50 livros/50 capas], American Illustration, Communication Arts e Print. Paul trabalhou na Running Press Book Publishers por vários anos antes de abrir a Headcase em 1998. Ambos se formaram na Tyler School of Art, onde agora lecionam. Quando Jude se casou com Amy, sua paixão na faculdade de artes, não foi possível encontrar alguém que pudesse desempenhar o papel de pajem. Felizmente, conseguiram persuadir seu Boston Terrier, Huxley, a assumir a tarefa, depois que alguns goles de cerveja o acalmaram.

Este livro foi impresso
em papel *offset* 90g
pela Assahí Gráfica